피봇애니메이션과 함께 모험을 떠납시다.~~

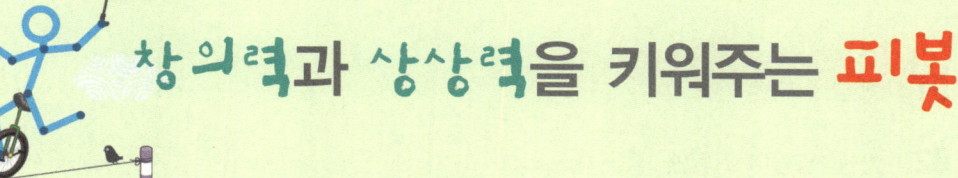

창의력과 상상력을 키워주는 피봇

창의력과 상상력을 키워주는 피봇

초판 7쇄 발행_2018년 12월 17일

지은이 웰북교재연구회　**발행인** 임종훈　**편집인** 강성재
표지 · 편집디자인 인투　**출력/인쇄** 동양인쇄주식회사
주소 서울특별시 서대문구 연희로2길 76 한빛빌딩 A동 4층
주문/문의전화 02-6378-0010　**팩스** 02-6378-0011　**홈페이지** http://www.wellbook.net

발행처 도서출판 웰북
ⓒ 도서출판 웰북 2018　ISBN 979-11-86296-23-3　13000

Contents

Special Thanks To

이 교재는 서울 신성초등학교 학생들의 작품을 이용하여 제작 되었습니다. 교재 편찬에 도움을 주신 김현주 선생님과 학생여러분들에게 감사드립니다.

학생명단

김기백, 임대건, 김채린, 김희중, 박수빈, 박형진, 최어진, 윤정빈, 이규민, 이재승, 이호빈, 이호인, 임찬호, 정진영, 조우성, 성현채, 한동건, 최수빈, 오유나, 김태현, 김수현

01강 헬로! 스틱맨

피봇 프로그램은 재미있는 애니메이션을 만들 수 있는 프로그램이예요. 이제부터 내 맘대로 스틱맨을 움직여 볼까요?

01 피봇 프로그램을 살펴보아요.

피봇 프로그램을 실행하고 손을 흔드는 스틱맨을 만들어 보아요.

01 바탕 화면의 'Pivot Stickfigure Animator' 아이콘을 더블 클릭해요.

02 피봇 프로그램을 실행하면 그림과 같이 막대기로 만들어진 스틱맨이 나타나요.

03 손을 흔들며 인사하는 스틱맨을 만들어 보아요. 스틱맨의 오른손의 빨간점을 드래그 하여 그림과 같이 위치를 바꾸고 [Next Frame]을 클릭해요.

클릭

04 프로그램 위의 빈 공간에 프레임이 저장되면 다시 스틱맨의 오른손의 빨간점을 드래그하여 그림과 같이 위치를 바꾸고 [Next Frame] 을 클릭해요.

클릭

05 2개의 프레임이 만들어지면 [Play] 단추를 클릭해서 손이 빠르게 움직이는지 확인해요.

클릭

06 [Frame rate]의 스크롤 막대를 아래로 드래그하면 천천히 움직여요. 더 빠르게 하려면 스크롤 막대를 위로 드래그해요.

클릭

07 [Stop] 단추를 클릭하면 애니메이션이 정지해요. [Repeat]를 선택해야 애니메이션이 계속 반복돼요.

클릭

02 부드럽게 움직이게 해요.

스틱맨의 손의 움직임을 부드럽게 만들기 위해 프레임을 추가하고 수정해 보아요.

01 첫 번째 프레임 위에서 마우스 오른쪽 단추를 클릭하고 [Insert]를 클릭해요.

02 첫 번째와 세 번째 프레임 사이에 새로운 프레임이 삽입돼요. 두 번째 프레임을 선택하고 손을 그림과 같이 드래그하여 중간 부분으로 위치하고 [Next Frame] 단추를 클릭해요.

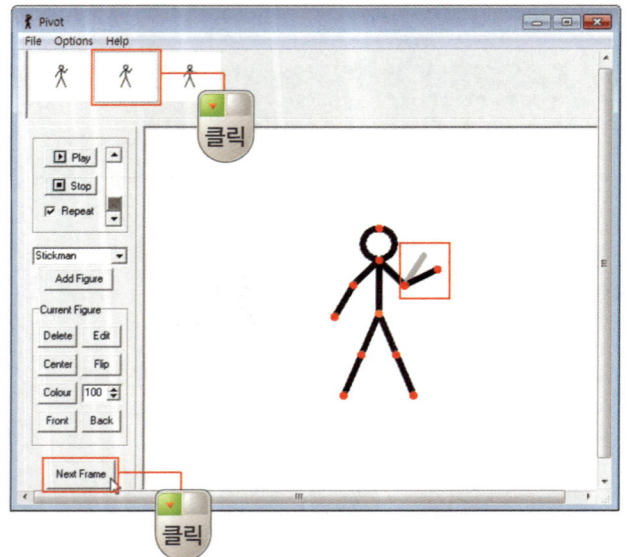

03 같은 방법으로 프레임을 추가해서 더 부드럽게 움직이도록 만들어 보세요.

03 스틱맨의 색을 바꿔요.

스틱맨을 다른 색으로 바꿀 수 있어요. 원하는 색으로 스틱맨을 꾸며요.

01 첫 번째 프레임을 선택하고 [Colour] 단추를 클릭해요. 색 대화상자에서 '빨강'을 선택하고 [확인] 단추를 클릭해요.

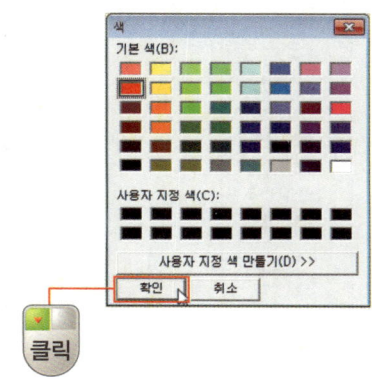

02 스틱맨이 빨간색으로 바뀌면 [Next Frame] 단추를 클릭해 프레임을 저장해요.

03 나머지 프레임을 순서대로 선택하고 스틱맨의 색을 아래와 같이 바꾼 후 애니메이션을 확인해요. – 2번 프레임 : 주황, 3번 프레임 : 보라, 4번 프레임 : 녹색, 5번 프레임 : 파랑

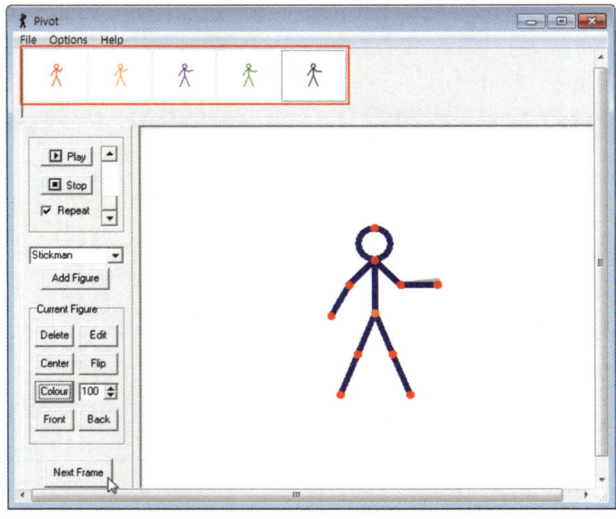

7

04 애니메이션을 저장해요.

재미있게 움직이는 스틱맨을 만들었나요? 다시 편집하거나 다른 친구들에게 보여줄 수 있도록 저장해요.

01 스틱맨을 저장하기 위해 [File]-[Save Animation]을 클릭해요.

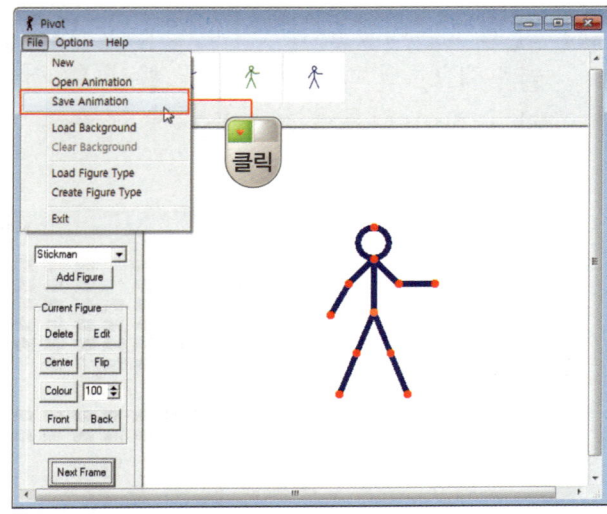

02 [다른 이름으로 저장] 대화상자에서 [저장 위치]를 '라이브러리' - '문서' 로 설정하고 [파일 이름]에 '손흔드는스틱맨.piv' 를 입력한 후 [저장] 단추를 클릭해요.

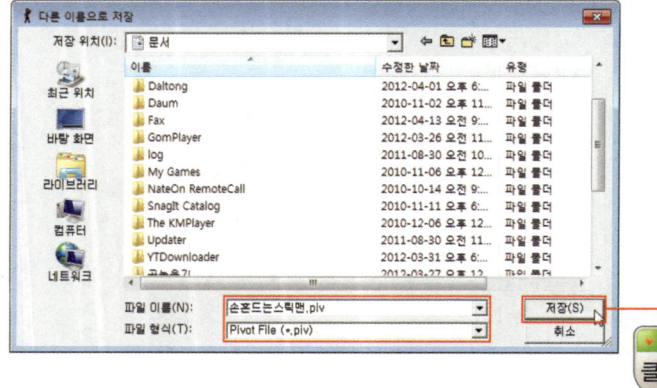

03 [파일 형식]을 'Gif(*.gif)', [파일 이름]을 '손흔드는스틱맨.gif' 로 입력하고 [저장] 단추를 클릭합니다. 그림과 같은 대화상자가 표시되면 [OK] 단추를 클릭합니다. 피봇 프로그램이 설치되지 않은 곳에서도 애니메이션을 볼 수 있어요.

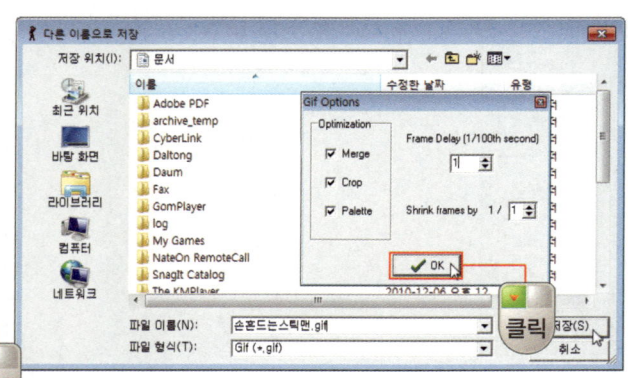

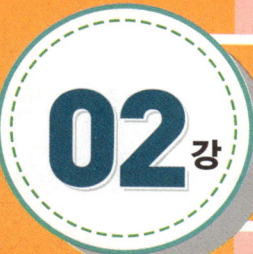

02강 변신! 쌍둥이 스틱맨

스틱맨을 이리저리 움직이는 방법을 배웠죠? 이번에는 여러 명의 스틱맨을 불러와 함께 움직이도록 만들어 보아요.

01 늘어나라! 스틱맨

스틱맨 피규어를 추가하고 순서대로 애니메이션을 적용하는 방법을 알아보아요.

01 피봇 프로그램을 실행하고 새로운 스틱맨을 추가하기 위해 [Add Figure]를 클릭해요.

02 스틱맨의 주황색 점을 드래그하여 이동하면 뒤에 가려져 있던 새로운 스틱맨을 만날 수 있어요.

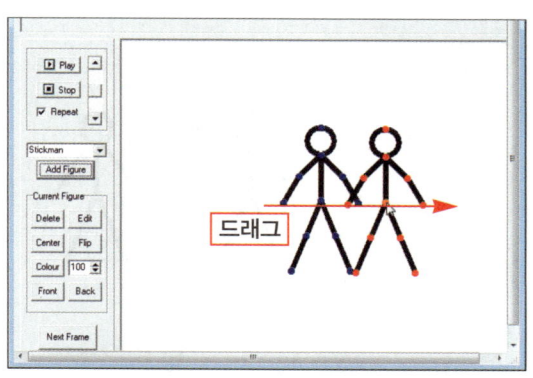

03 두 개의 스틱맨 중 하나를 클릭하여 선택해요. 현재 사용중인 스틱맨은 빨간점과 주황색 점으로, 선택하지 않은 스틱맨은 파란색 점으로 표시돼요.

04 차례대로 팔을 드는 스틱맨을 만들기 위해 왼쪽의
스틱맨을 선택하고 팔을 위로 들도록 편집하고
[Next Frame]을 클릭해요.

05 왼쪽 스틱맨의 팔을 내리고 오른쪽 스틱맨의 팔을
올리도록 편집한 후 [Next Frame]을 클릭해요.

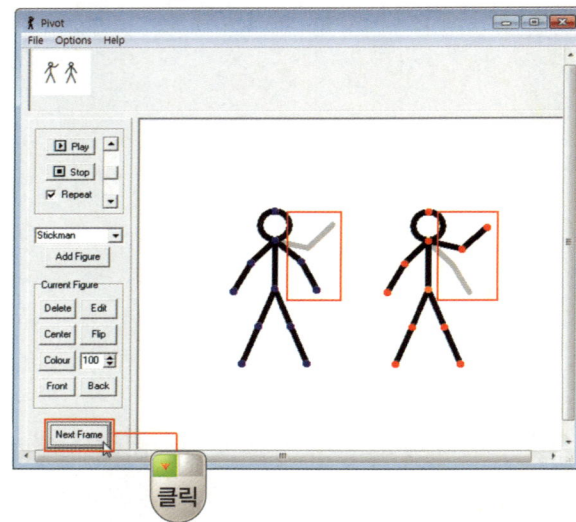

06 [Play]를 클릭하면 순서대로 팔을 드는 스틱맨
애니메이션을 볼 수 있어요.

02 커져라! 스틱맨

스틱맨 피규어의 크기를 줄이고 늘리는 방법을 알아보아요.

01 첫 번째 프레임을 선택하고 왼쪽 스틱맨을 클릭해요. [Current Figure]에서 크기를 '80' 으로 설정하고 그림과 같이 이동한 후 [Next Frame]을 클릭해요.

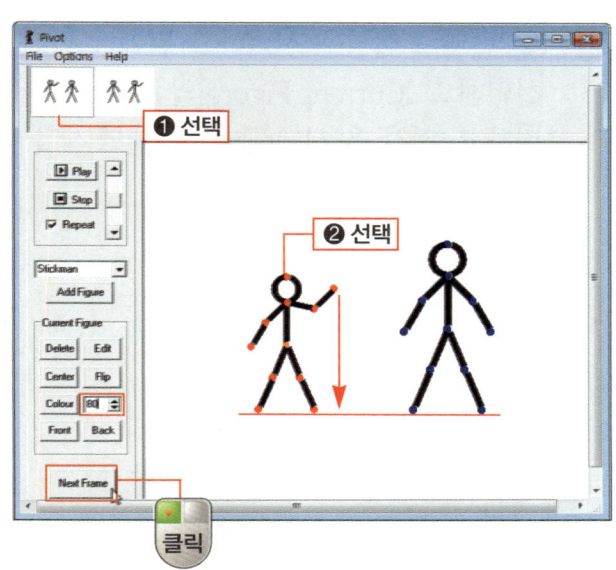

 TIP 스틱맨의 크기를 조절하면 배꼽을 중심으로 크기조절이 됩니다. 크기 조정 후 아래 발 부분으로 스틱 맨을 이동시켜 play 시 커지는 느낌이 들 수 있도록 합니다.

02 두 번째 프레임을 선택하고 오른쪽 스틱맨을 클릭해요. [Current Figure]에서 크기를 '80' 으로 설정하고 그림과 같이 이동한 후 [Next Frame]을 클릭해요.

03 [Play]를 클릭하면 순서대로 크기가 바뀌는 스틱맨 애니메이션을 볼 수 있어요.

03 | 스틱맨을 앞 뒤로 이동해요.

스틱맨 피규어가 여러 개 있을 때 앞 뒤 순서를 바꾸는 방법을 알아보아요.

01 첫 번째 프레임을 선택하고 왼쪽 스틱맨을 선택해요. [Current Figure]의 [Colour]를 클릭하고 '빨강'을 선택해서 스틱맨의 색을 바꿔요.

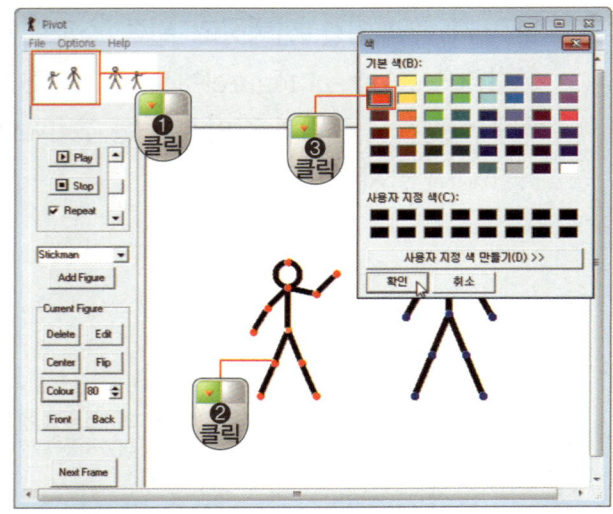

02 왼쪽의 스틱맨을 오른쪽으로 이동하여 겹치면 나중에 만든 스틱맨이 위에 있는 것을 알 수 있어요. 순서를 바꾸기 위해 [Front]를 클릭해요.

03 왼쪽의 빨간 스틱맨이 앞으로 순서가 바뀐 것을 알 수 있어요. 뒤로 보낼 때에는 [Back]을 클릭해요.

03강 새로운 스틱맨을 만나요!

재미있는 영화를 만들려면 배우들이 많아야겠죠? 스틱맨 이외에도 이미 저장되어 있는 재미있는 피규어를 불러와요.

01 새로운 피규어를 불러와요.

스틱맨과 함께 다른 피규어를 불러와 재미있는 영화를 만들어 보아요.

01 새로운 피규어를 불러오기 위해 [File]-[Load Figure Type]을 클릭해요.

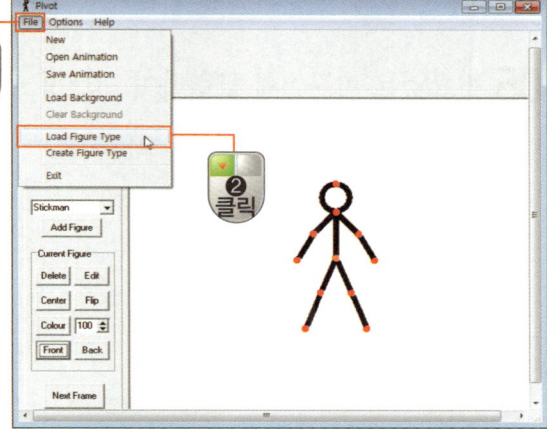

02 [열기] 대화상자에서 'cowboy.stk'를 선택하고 [열기] 단추를 클릭해요.

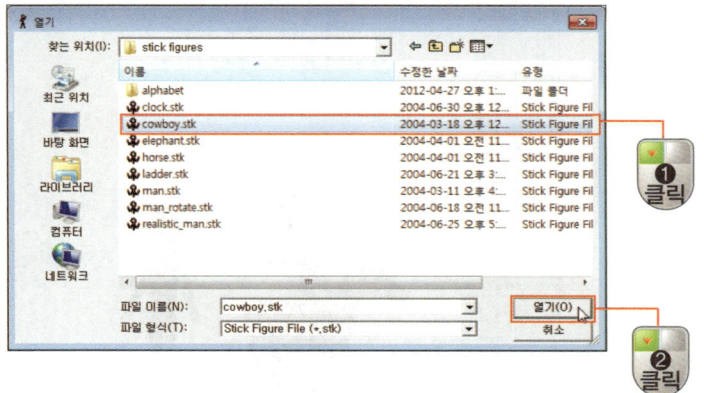

03 편집 화면에 새로운 피규어가 표시되면 그림과 같이 드래그하여 모양을 바꾸어 보아요.

04 다른 피규어도 동일한 방법으로 편집 화면에 가져와 재미있게 편집해요.

05 필요없는 피규어를 클릭하여 선택하고 [Delete]를 누르면 삭제돼요.

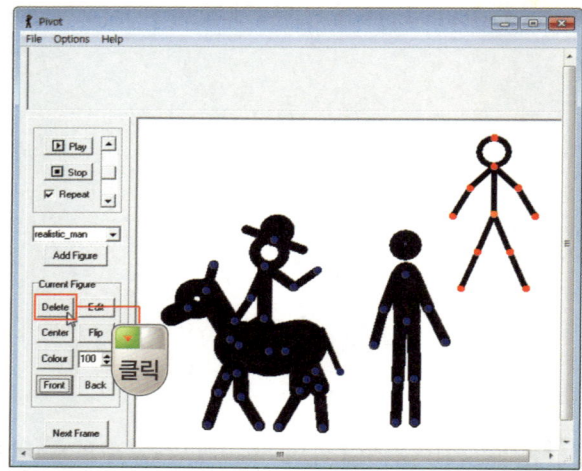

06 피규어가 여러 개 삽입되었을 때에는 구분하기 편리하게 색을 바꾸어요.

시계 바늘을 움직여요.

새로운 피규어는 어떻게 움직일까요? 시계 바늘이 움직이는 애니메이션을 만들어 보아요.

01 새 편집화면을 만들고 [File]-[Load Figure Type]을 클릭하여 'clock.stk'를 불러와요.

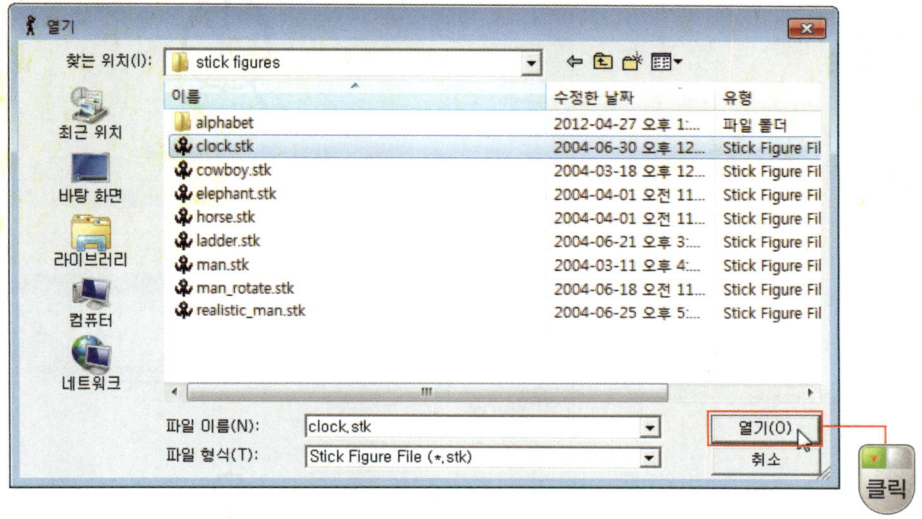

02 스틱맨이 들고있는 것처럼 만들기 위해 삽입된 시계 피규어를 그림과 같이 드래그해요.

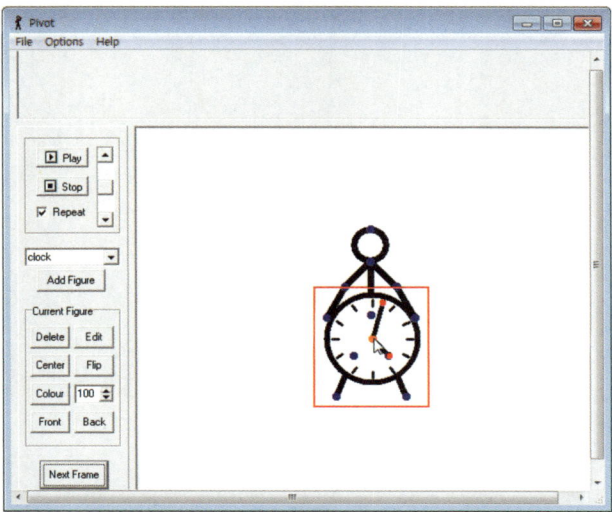

03 시계 바늘의 빨간 점을 시계 반대 방향으로 이동하고 [Next Frame]을 클릭해요.

04 반복하여 시계 바늘이 거꾸로 돌아가도록 편집
하여 프레임을 추가해요.

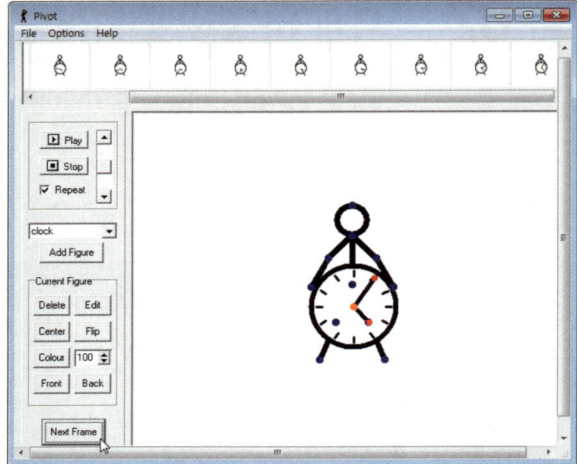

05 [Play] 단추를 클릭하면 시계 바늘이 거꾸로 돌
아가는 애니메이션을 볼 수 있어요. [Repeat]를
선택하면 애니메이션이 계속 반복돼요.

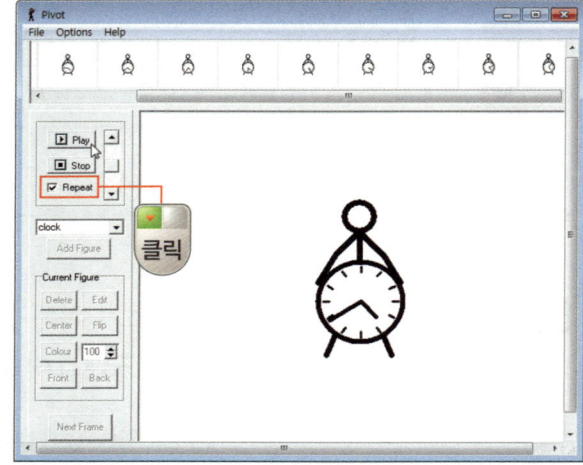

04강 스틱맨을 근육맨으로 만들자!

저장되어 있는 피규어를 내가 원하는 모양으로 바꾸거나 직접 피규어를 만들 수 있어요.

01 피규어를 편집해요.

날씬한 스틱맨을 근육맨으로 바꾸어 볼까요? 피규어를 편집하는 방법을 알아보아요.

01 새 편집화면을 만들고 기본 표시된 스틱맨을 클릭하여 선택해요. [Current Figure]의 [Edit]를 클릭해요.

02 [Stick Figure Builder] 창이 표시되면 스틱맨의 왼쪽 팔을 클릭해요. 선택된 부분이 파랗게 표시돼요.

03 화살표를 클릭하면 선의 굵기를 변경할 수 있어요. 그림과 같이 팔과 다리를 두껍게 만들어요.

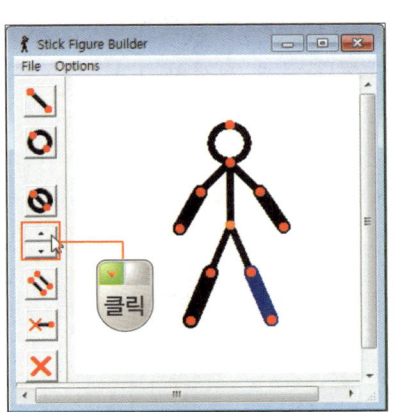

04 스틱맨의 발을 만들기 위해 [add line]을 클릭해요. 스틱맨의 발 부분에 해당하는 빨간 점을 클릭해요.

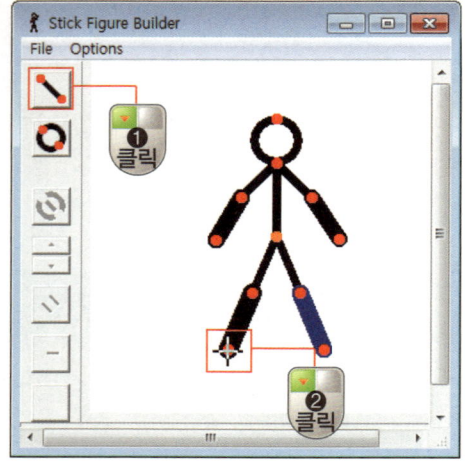

05 마우스를 드래그하여 적당한 크기로 선이 늘어나면 클릭해서 마무리 해요. 다른 발도 동일한 방법으로 발을 만들어요.

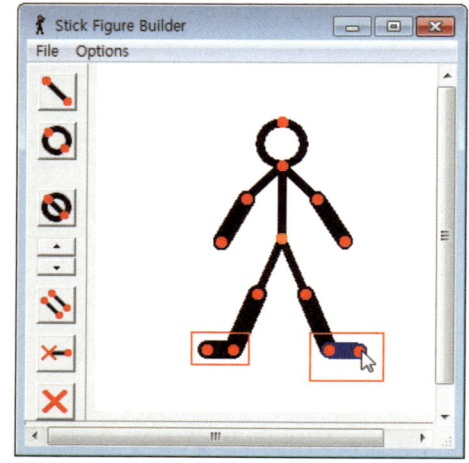

06 [File]-[Save]를 클릭하여 표시되는 [다른 이름으로 저장] 대화상자에 '근육스틱맨.stk'를 입력하여 편집한 피규어를 저장해요.

02 피규어를 만들어요.

원하는 피규어가 없다구요? 그렇다면 나만의 피규어를 직접 만들어 보아요.

01 새로운 피규어를 만들기 위해 [Stick Figure Builder] 창에서 [File]-[New]를 클릭해요.

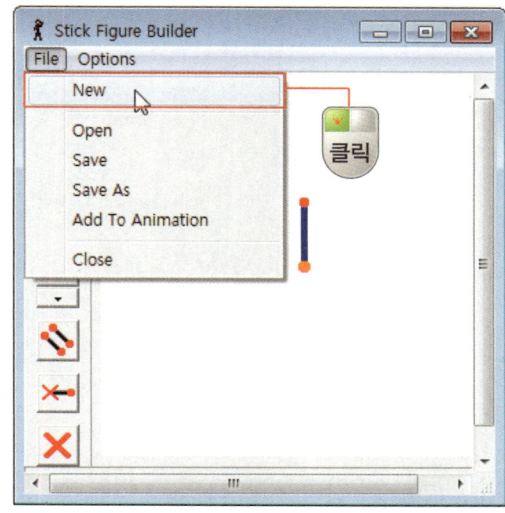

02 선이 표시되면 원으로 만들기 위해 [toggle segment kind]를 클릭해요.

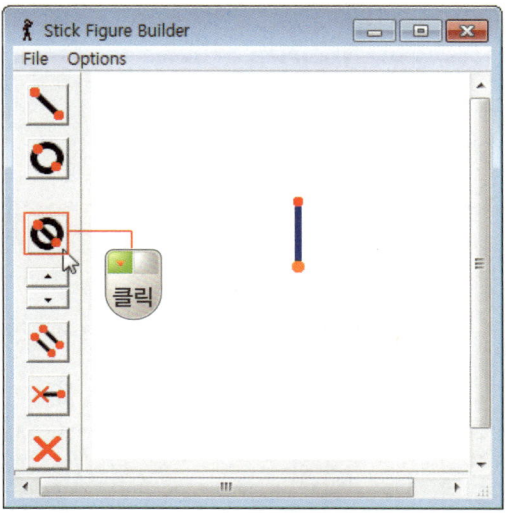

03 새로운 원을 추가하기 위해 [add circle]을 클릭해요. 주황색 점을 클릭하고 드래그하여 원하는 크기의 원을 만들어요.

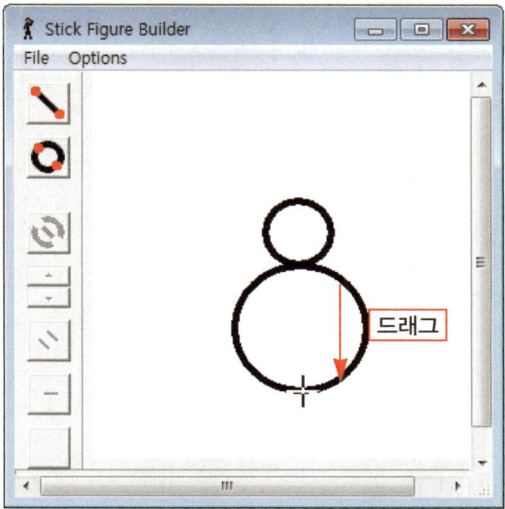

04 완성된 피규어를 편집화면에서 사용하기 위해
[File]-[Add To Animation]을 클릭해요.

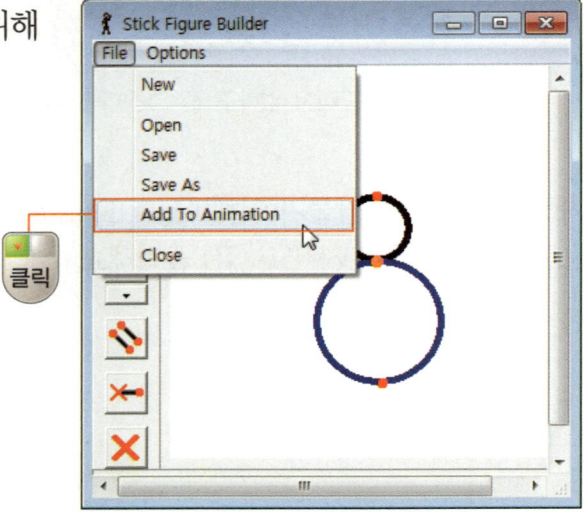

05 [Figure Name] 창에 사용하려는 이름을 '눈사람'
으로 입력하고 [OK] 단추를 클릭해요.

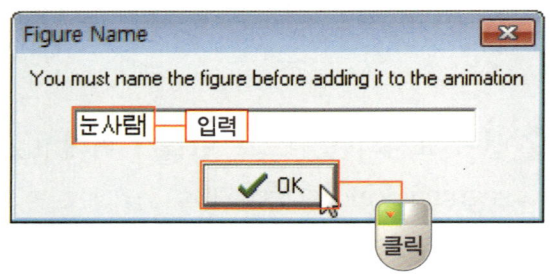

06 편집화면에 저장한 눈사람 피규어가 삽입돼요.
친구들이 필요한 피규어도 만들어 보아요.

05강 멋진 배경을 만들어요

영화에 어울리는 멋진 배경이 있다면 더 재미있어지겠죠? 그림판에서 배경을 만들고 애니메이션에 삽입해 보아요.

01 애니메이션 영역을 설정해요.

내가 만드려는 애니메이션에 필요한 만큼 영역을 설정할 수 있어요.

01 애니메이션 영역을 설정하기 위해 [Options]를 클릭해요.

02 [Options Form] 창에서 [Width]를 '400', [Height]를 '300' 으로 설정하고 [OK] 단추를 클릭해요.

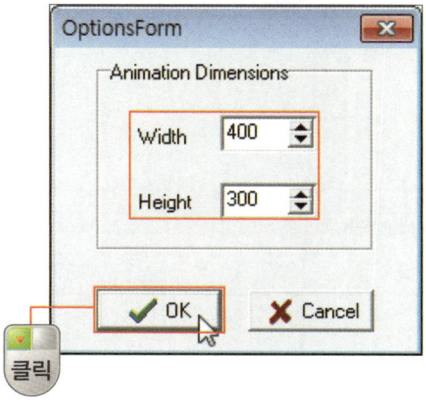

03 설정한 크기에 맞게 애니메이션 영역 크기가 변경돼요.

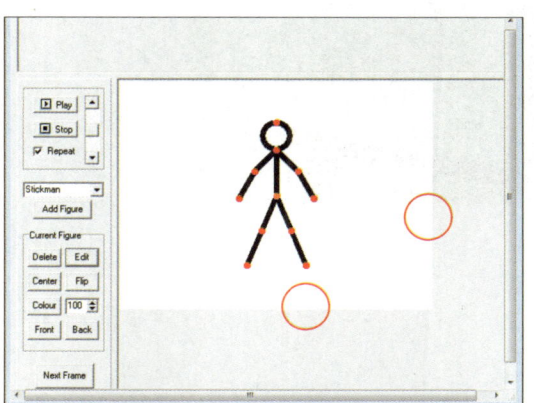

02 그림판에서 배경을 만들어요.

그림판에서 재미있는 배경을 만들고 피봇 애니메이션에 가져오는 방법을 알아보아요.

01 그림판을 실행하고 [그림판]–[속성]을 클릭해요. [이미지 속성] 대화상자의 [너비]에 '600', [높이]에 '400'을 입력하고 [확인] 단추를 클릭해요.

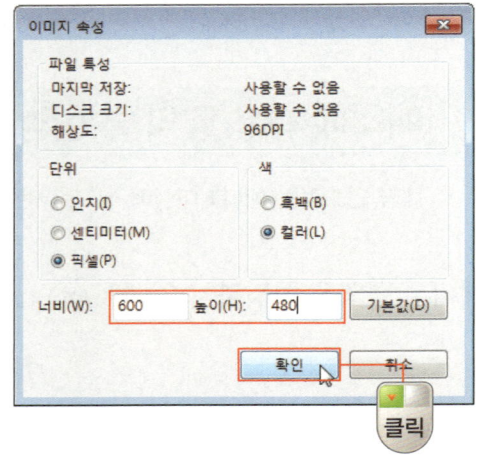

02 그림과 같이 숲속의 나무를 그려요. 그림이 완성되면 [그림판]–[저장]을 클릭해요.

03 [다른 이름으로 저장] 대화상자가 표시되면 [파일 이름]을 '숲속.jpg'를 입력하고 [저장] 단추를 클릭해요.

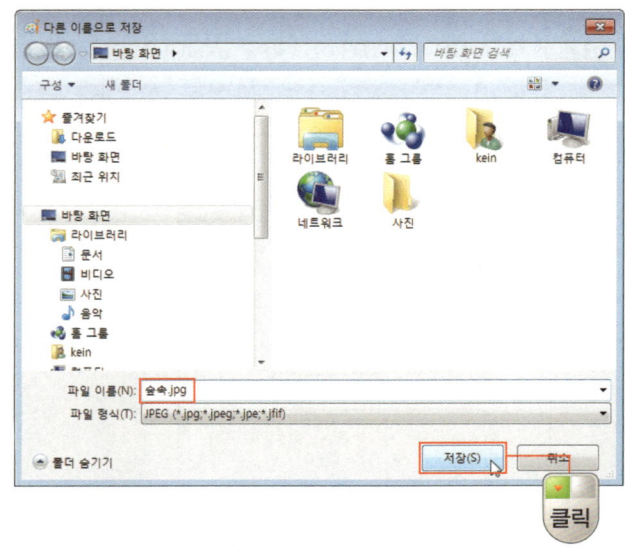

04 피봇 프로그램의 [File]-[Open Animation]을 클릭하고 '숲속의스틱맨.piv' 파일을 선택하고 [열기] 단추를 클릭해요.

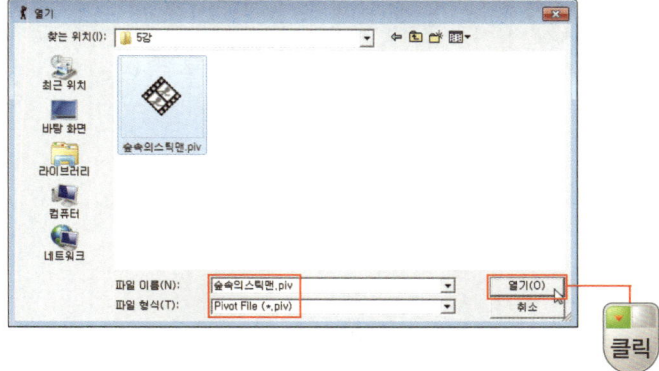

05 저장한 배경 그림을 가져오기 위해 [File]-[Load Background]를 클릭해요.

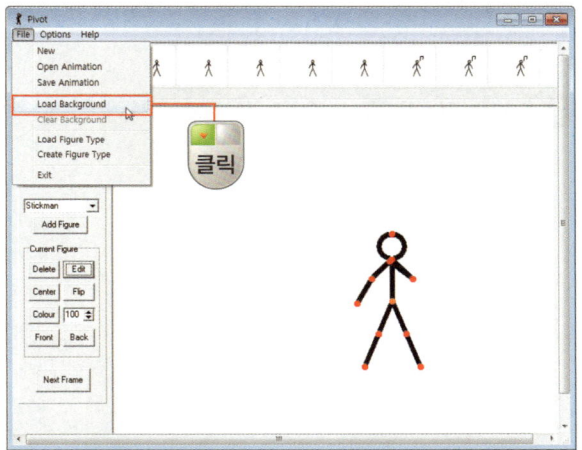

06 [열기] 대화상자에서 저장한 '숲속.jpg' 배경 이미지를 선택하고 [열기] 단추를 클릭해요.

07 모든 프레임에 동일한 배경이 적용된다는 경고
창이 표시되면 [Yes] 단추를 클릭해요.

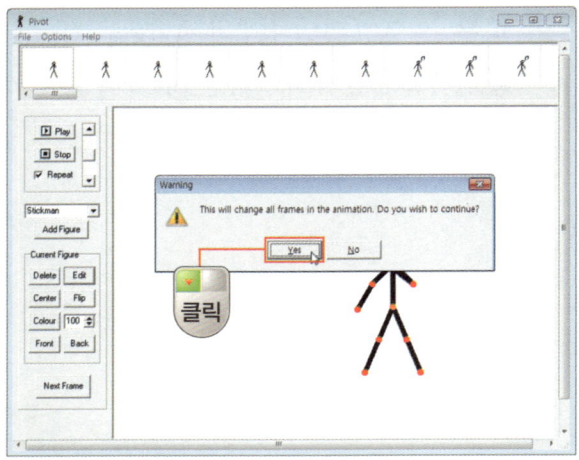

08 선택한 배경 이미지가 모든 프레임에 적용된 것
을 확인할 수 있어요.

09 [Play] 단추를 클릭하면 배경 이미지에 맞게 애니
메이션이 실행되는 것을 확인할 수 있어요.

06강 반가워요! 스틱맨

⊙ 연습파일 : 옆구리쿡.piv   ⊙ 완성파일 : 옆구리쿡.(완성).piv

01 스틱맨 옆구리를 쿡!

장난꾸러기 스틱맨이 친구의 옆구리를 쿡 찔렀어요! 깜짝놀란 스틱맨 친구도 같이 움직여 보아요.

Pivot

Pivot

02 스틱맨은 체조선수!

뒤로 백덤블링을 하는 스틱맨. 애니메이션을 만들고 부드럽고 빠르게 움직여 보세요!

◉ 연습파일 : 백덤블링.piv   ◉ 완성파일 : 백덤블링(완성).piv

03 스틱맨이 하늘을 날아요!

하늘 높이 올라왔다가 아래로 내려가는 스틱맨을 만들어 보아요. 크기를 조절해서 하늘로 올라오는 애니메이션을 만들어요.

⊙ 연습파일 : 날으는스틱맨.piv   ⊙ 완성파일 : 날으는스틱맨(완성).piv

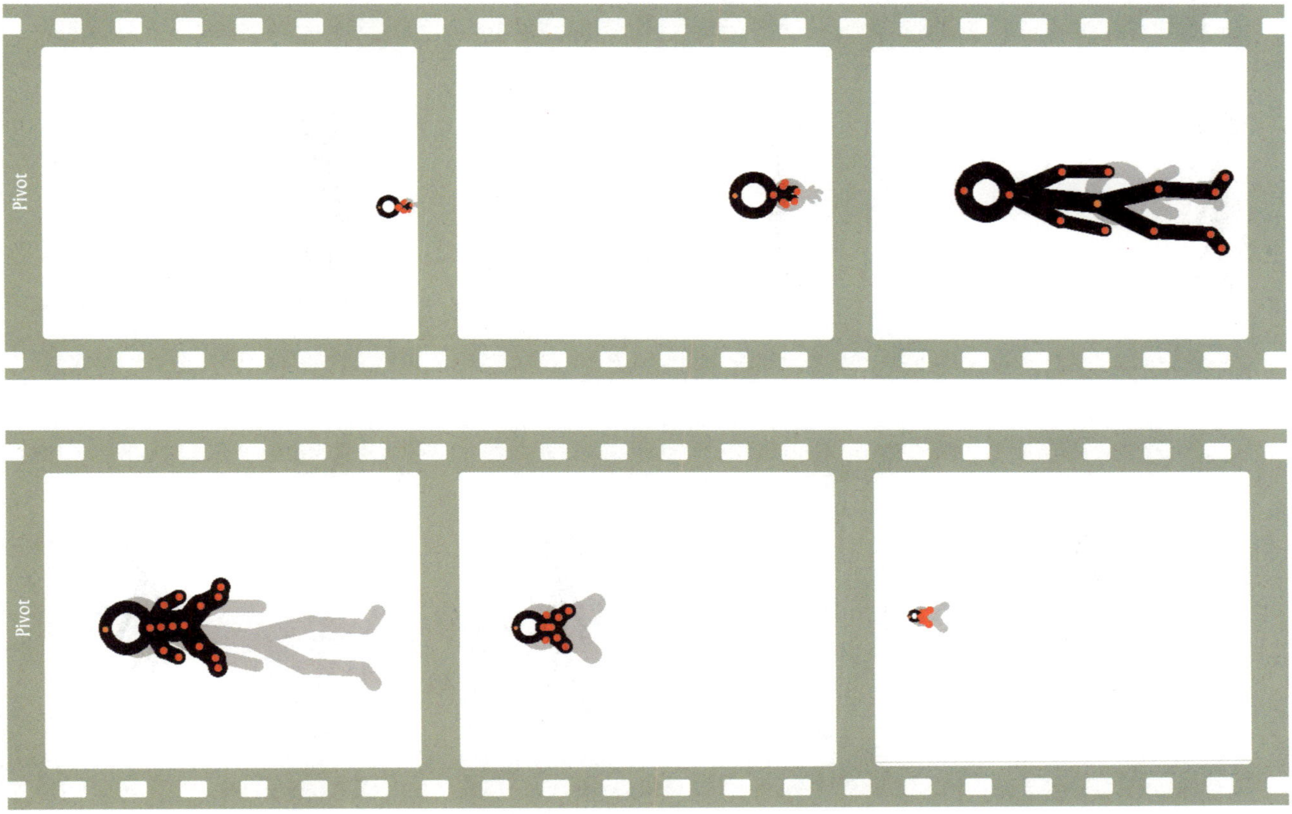

04 스틱맨이 넘어졌어요!

길에 돌이 있는 줄 몰랐던 스틱맨이 넘어지고 말았어요! 길을 걸어갈 때는 조심해야 해요!

◉ 연습파일 : 넘어지기.piv   ◉ 완성파일 : 넘어지기(완성).piv

05 스틱맨이 뽀뽀해요!

드라마 시크릿가든의 멋진 배우처럼 스틱맨이 윗몸일으키기를 하면서 **뽀뽀**를 했어요!

⊙ 연습파일 : 윗몸일으키기.piv   ◉ 완성파일 : 윗몸일으키기(완성).piv

07강 스틱맨은 댄스왕!

01 스틱맨은 발레리나!

스틱맨이 멋진 발레를 해요. 이곳 저곳을 사뿐히 움직이도록 애니메이션을 만들어 보아요.

⊙ 연습파일 : 발레.piv   ⊙ 완성파일 : 발레(완성).piv

02 체조의 달인, 스틱맨!

스틱맨은 체조를 잘해요! 신나게 앞구르기하는 애니메이션을 만들어 보아요.

⊙ 연습파일 : 앞구르기.piv   ◉ 완성파일 : 앞구르기(완성).piv

Pivot

Pivot

Pivot

03 얼음 위의 스틱맨!

얼음위로 자유롭게 움직이는 스틱맨은 피겨선수! 멋진 회전과 같이 피겨스케이팅 동작을 애니메이션으로 만들어 보아요.

⊙ 연습파일 : 피겨스케이팅.piv　　⊙ 완성파일 : 피겨스케이팅(완성).piv

04 조심해요 스틱맨!

멋지게 문워크로 뒤로 걷던 스틱맨, 그런데 돌이 있는 것을 모르고 있네요. 조심해요 스틱맨!

◉ 연습파일 : 문워크.piv　　◉ 완성파일 : 문워크(완성).piv

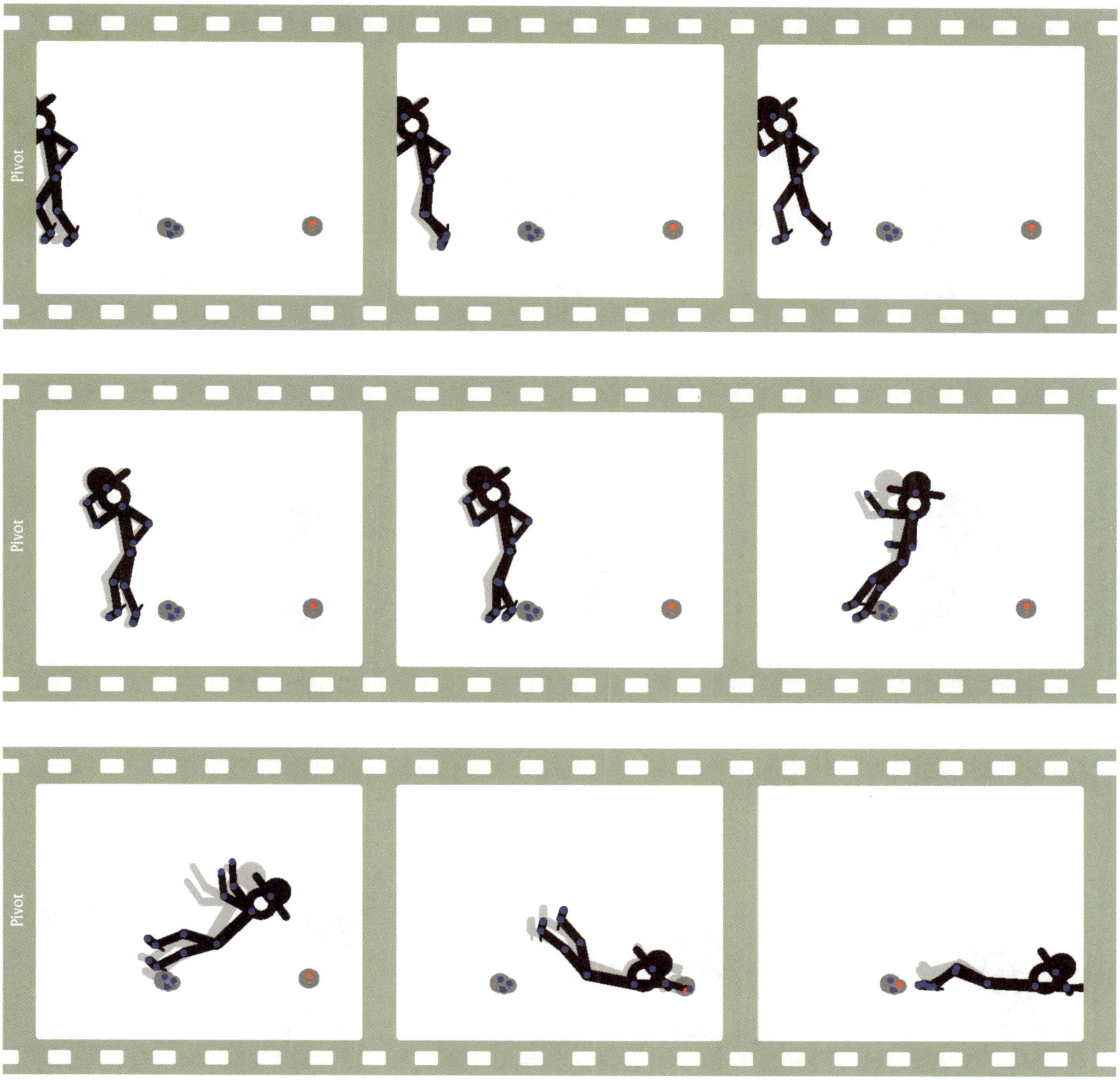

05 스틱맨은 비보이!

비보이처럼 신나게 춤을 추는 스틱맨! 멋진 덤블링으로 10점 만점을 받았네요.

⊙ 연습파일 : 10점만점.piv   ⊙ 완성파일 : 10점만점(완성).piv

08강 액션! 스틱맨

01 서바이벌 가위바위보!

사다리 위에서 만난 스틱맨! 가위바위보로 한사람만 건너갈 수 있어요! 과연 누가 이길까요?

⊙ 연습파일 : 가위바위보.piv　　◉ 완성파일 : 가위바위보(완성).piv

02 스틱맨은 검도의 달인!

휘리릭 색! 날렵하게 움직이는 스틱맨은 검도의 달인이예요! 멋진 움직임을 애니메이션으로 만들어 보아요.

⊙ 연습파일 : 검도.piv　　⊙ 완성파일 : 검도(완성).piv

03 댄싱스틱맨! 글자를 만들어요

스틱맨과 친구들이 멋진 춤을 추네요. 스틱맨들이 어떤 글자를 만드는 지 확인해 보세요!

⊙ 연습파일 : 글자만들기.piv   ⊙ 완성파일 : 글자만들기(완성).piv

Pivot

Pivot

Pivot

04 대포알을 피하는 스틱맨!

스틱맨은 날아오는 대포알도 피할 수 있어요. 높이 뛰어올라 대포알을 피하는 애니메이션을 만들어 보아요.

⊙ 연습파일 : 대포알피하기.piv　　⦿ 완성파일 : 대포알피하기(완성).piv

Pivot

Pivot

Pivot

05 시계바늘을 움직여요!!

스틱맨의 시계를 움직여 알람을 울려봐요! 잠꾸러기 스틱맨도 벌떡 일어날꺼예요!

⊙ 연습파일 : 알람시계.piv   ◉ 완성파일 : 알람시계(완성).piv

스틱맨은 영화배우

01 이랴! 스틱맨의 말타기

멋지게 말에 뛰어 오른 스틱맨! 그런데 너무 무거웠나요? 말이 주저 앉고 말았어요!

◉ 연습파일 : 말타기.piv　　◉ 완성파일 : 말타기(완성).piv

02 춤춰라! 스틱맨

스틱맨이 파란색 옷을 입은 멋진 비보이로 변신했어요! 어려운 동작도 척척하는 스틱맨은 비보이!

⊙ 연습파일 : 비보이.piv　　◉ 완성파일 : 비보이(완성).piv

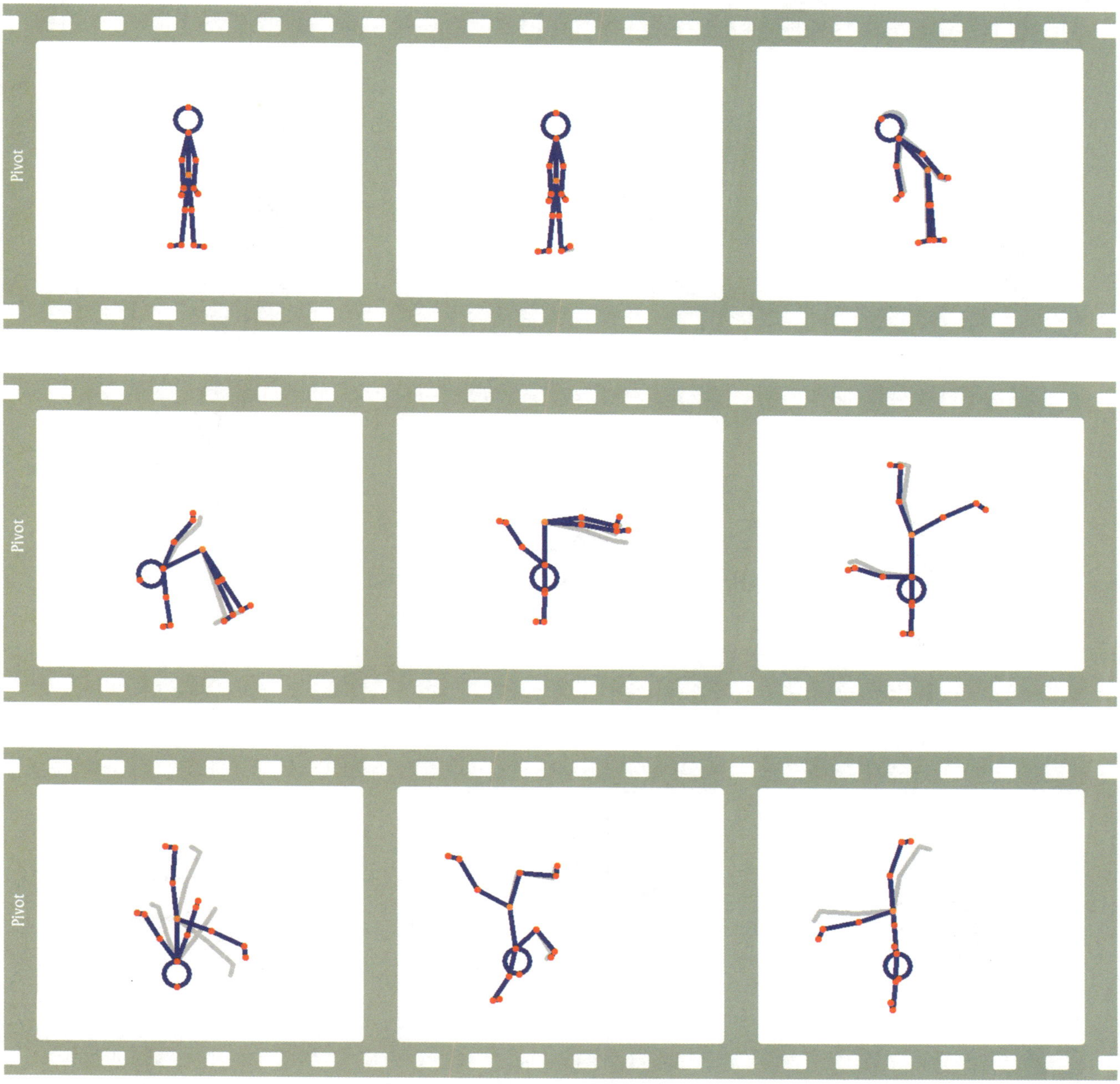

03 싸워라! 스틱맨

악당을 만난 용감한 스틱맨! 멋진 발차기로 못된 악당을 혼내주세요!

⊙ 연습파일 : 액션배우.piv   ⊙ 완성파일 : 액션배우(완성).piv

04 스틱맨은 챔피언!

힘차게 주먹을 뻗는 스틱맨! 부드럽게 복싱 동작으로 움직이는 애니메이션을 만들어 보아요.

◉ 연습파일 : 액션스틱맨.piv   ◉ 완성파일 : 액션스틱맨(완성).piv

05 피해라 스틱맨!

눈에 보이지 않는 무기들을 피하는 스틱맨! 구르기도 하고 뛰기도 하면서 헤쳐나가요!

◉ 연습파일 : 피해라스틱맨.piv   ◉ 완성파일 : 피해라스틱맨(완성).piv

스틱맨은 장난꾸러기

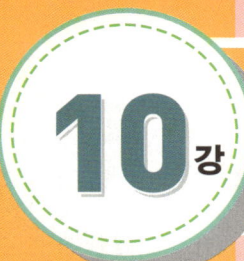

01 친구들과 신나는 고무줄놀이

스틱맨과 친구들이 고무줄 놀이를 하네요? 신나게 고무줄을 튕기며 친구들과 놀아요.

⊙ 연습파일 : 고무줄놀이.piv　　⦿ 완성파일 : 고무줄놀이.(완성).piv

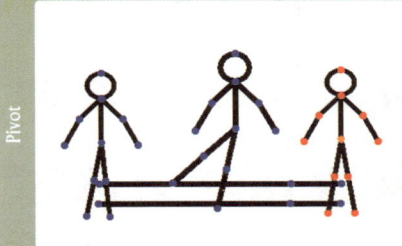

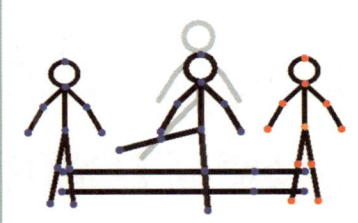

02 꼬꼬댁 콩콩! 닭싸움하는 스틱맨

한 발로 콩콩콩! 과연 어떤 스틱맨이 닭싸움에서 이길까요?

⊙ 연습파일 : 닭싸움.piv   ● 완성파일 : 닭싸움(완성).piv

Pivot

Pivot

Pivot

03 다시 돌아오는 도미노

다른 스틱맨에게 쏟아진 도미노가 다시 돌아오네요. 차례대로 쓰러지는 도미노를 만들어 보아요.

⊙ 연습파일 : 도미노.piv   ◉ 완성파일 : 도미노(완성).piv

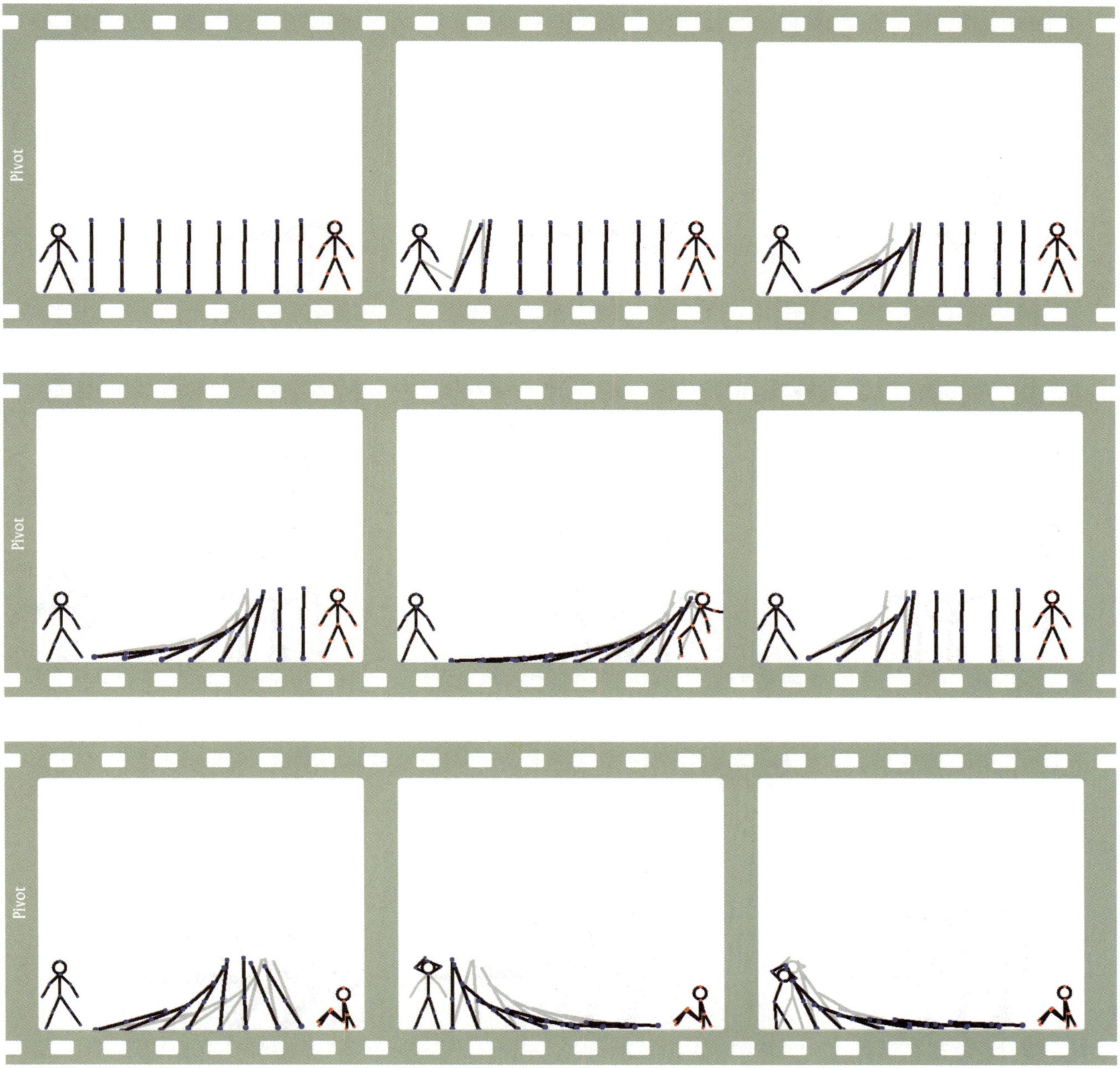

04 친구들과 신나는 말뚝박기!

말뚝박기를 하던 스틱맨 친구들! 어디선가 날아온 다른 친구들 때문에 모두 넘어지고 말았어요!

⊙ 연습파일 : 말뚝박기.piv   ◉ 완성파일 : 말뚝박기(완성).piv

05 으라차차! 스틱맨은 천하장사!

아무리 덩치가 큰 스틱맨이 나타나도 번쩍 들어 던져버리는 스틱맨은 천하장사!

⊙ 연습파일 : 천하장사.piv   ◉ 완성파일 : 천하장사(완성).piv

11강 변신! 스틱맨

01 스틱맨과 댄스 댄스!

발레처럼 우아하게, 비보이처럼 힘차게 춤추는 애니메이션을 만들어 보아요.

◉ 연습파일 : 댄스댄스.piv   ◉ 완성파일 : 댄스댄스(완성).piv

02

따라해요! 스틱맨

스틱맨 친구들이 서로의 동작을 따라하네요? 스틱맨의 움직임을 그대로 따라하도록 애니메이션을
만들어 보세요.

◉ 연습파일 : 따라쟁이스틱맨.piv   ◉ 완성파일 : 따라쟁이스틱맨(완성).piv

03 사다리를 올라가요!

사다리를 올라가는 스틱맨! 다른 친구보다 더 빨리 올라가요!

◉ 연습파일 : 사다리타기.piv   ◉ 완성파일 : 사다리타기(완성).piv

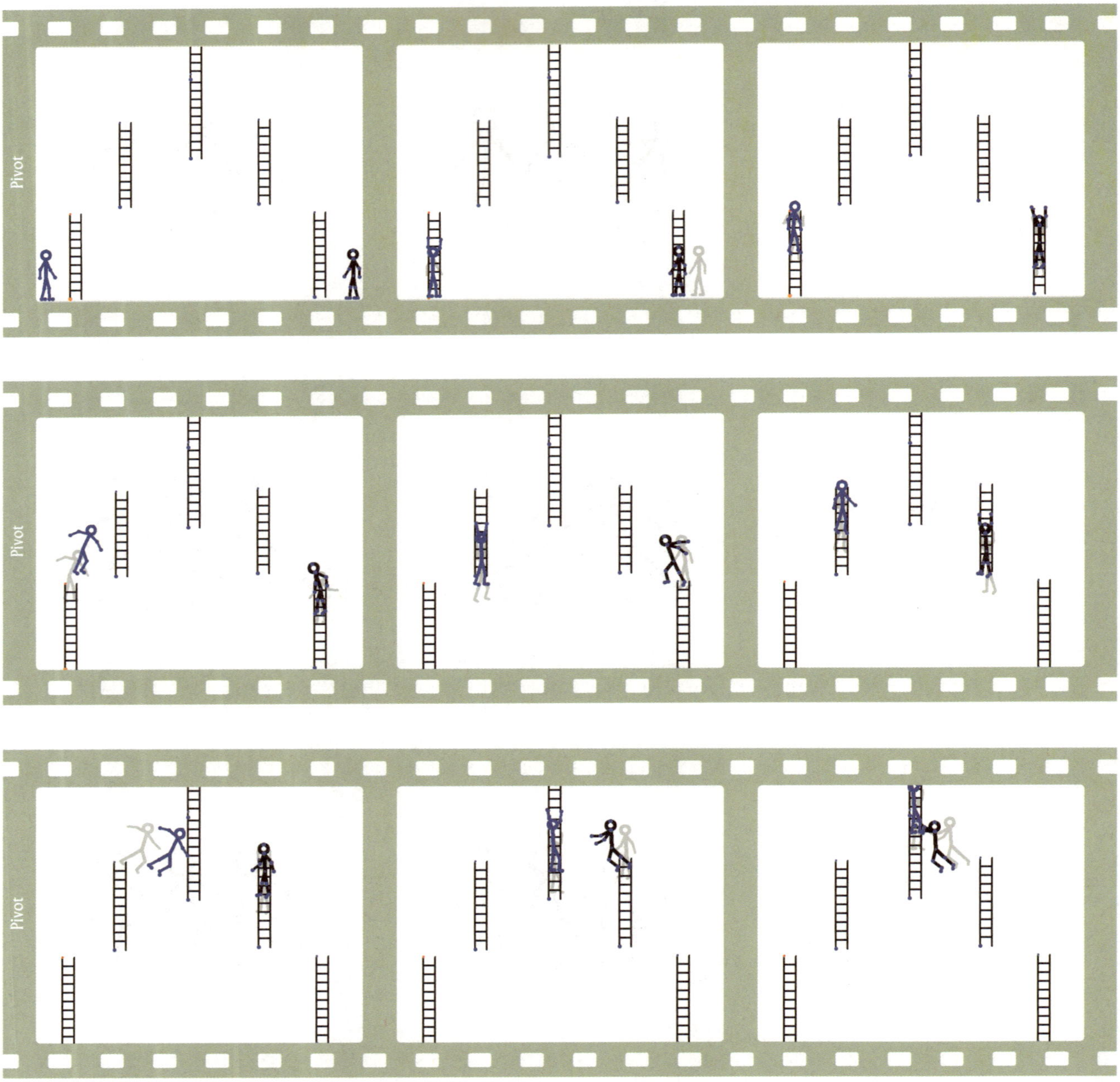

04 스틱맨은 아이돌그룹!

스틱맨과 친구들이 멋진 춤을 추네요? 아이돌 그룹처럼 신나게 춤추는 애니메이션을 만들어 보아요.

◉ 연습파일 : 아이돌스틱맨.piv   ◉ 완성파일 : 아이돌스틱맨(완성).piv

05 몸으로 글자를 만들어요!

스틱맨 친구들이 몸으로 글자를 만드네요. 어떤 글자가 나올까요?

◉ 연습파일 : 몸글자.piv   ◉ 완성파일 : 몸글자(완성).piv

01 스틱맨은 인사를 잘해요!

친구에게 인사하는 스틱맨! 그런데 머리가 무거웠나요? 뚝 떨어지는 머리에 친구가 놀랐어요!

⊙ 연습파일 : 놀라운인사.piv   ⊙ 완성파일 : 놀라운인사(완성).piv

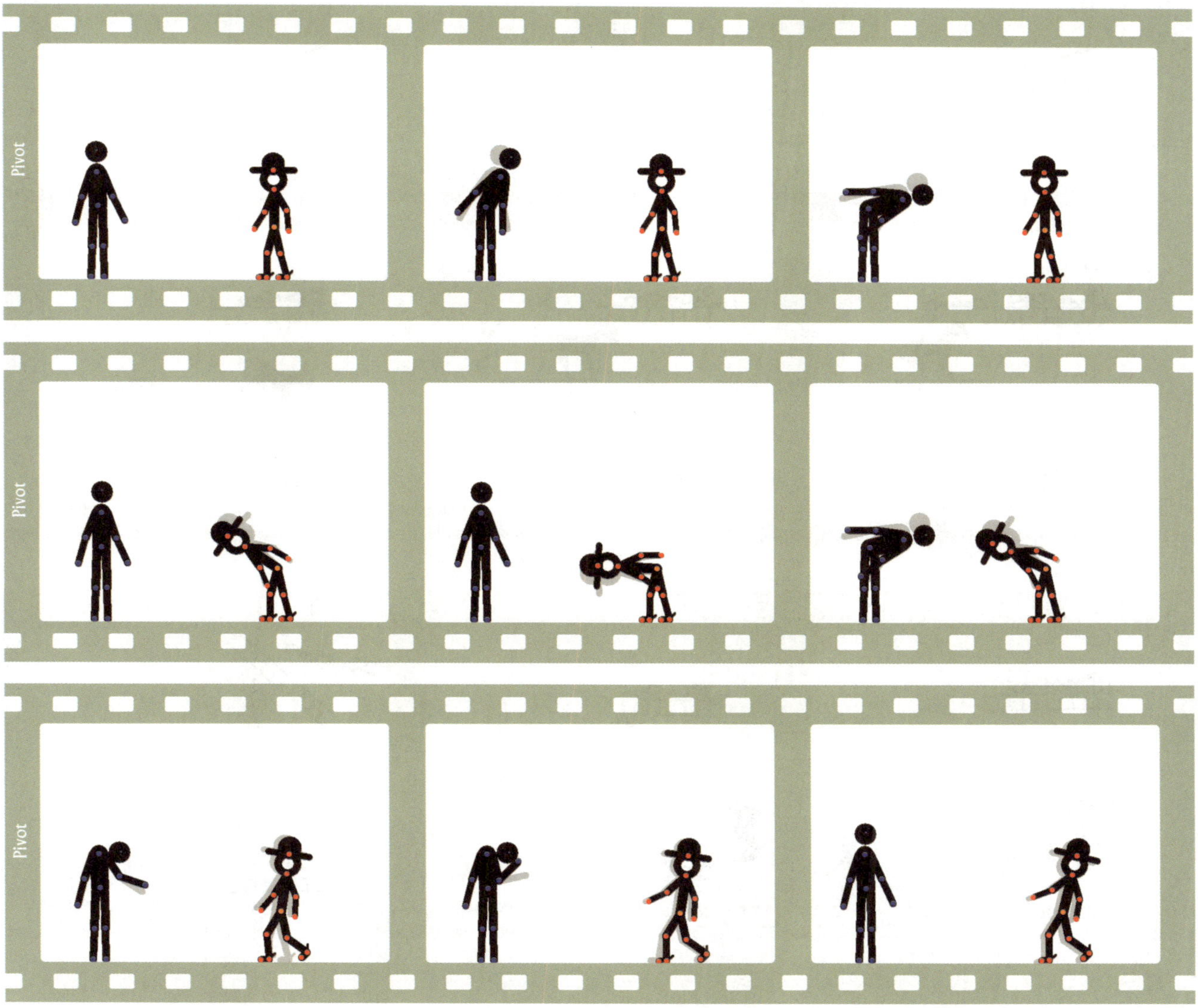

02 스틱맨 도미노

넘어지는 스틱맨! 도미노처럼 다른 스틱맨과 말도 같이 넘어지도록 애니메이션을 만들어 보아요.

◉ 연습파일 : 도미노.piv   ◉ 완성파일 : 도미노(완성).piv

03

스틱맨, 정상을 향해 고고!

산에 올라간 스틱맨! 정상을 향해 신나게 등산하는 애니메이션을 만들어 보아요.

◉ 연습파일 : 등산.piv   ◉ 완성파일 : 등산(완성).piv

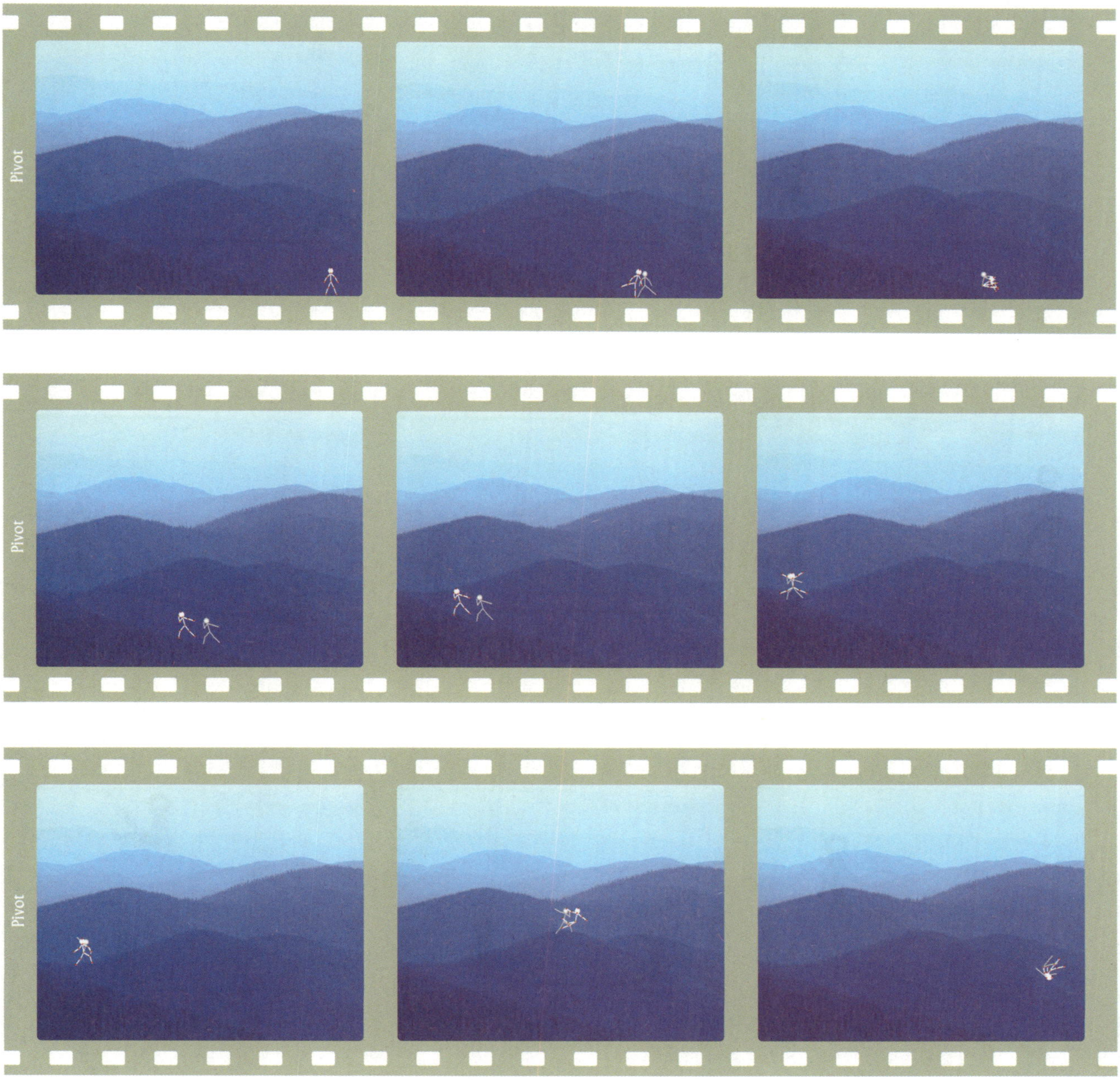

04 스틱맨의 시소타기

시소를 타는 스틱맨 친구들! 너무 무거웠나요? 시소타던 친구가 날아가 버렸어요!

⊙ 연습파일 : 시소타기.piv   ◉ 완성파일 : 시소타기(완성).piv

05 카우보이의 실수

카우보이가 된 스틱맨! 멋지게 총을 돌리다가 실수를 했네요. 어떻게 하죠?

⊙ 연습파일 : 카우보이.piv   ◉ 완성파일 : 카우보이(완성).piv

 13강 달려라! 스틱맨

01 계단을 올라가요!

계단을 오르다가 신발 끈이 풀어진 스틱맨! 뒤에 오는 친구는 조금 기다려야겠죠?

⊙ 연습파일 : 계단오르기.piv   ⊙ 완성파일 : 계단오르기(완성).piv

02 스틱맨은 검술의 달인

멋지게 칼을 움직이는 스틱맨은 검술의 달인! 멋진 검술 동작을 보여줘요!

⊙ 연습파일 : 공간베기.piv　　● 완성파일 : 공간베기(완성).piv

03 숫! 스틱맨은 축구를 좋아해

스틱맨은 운동을 좋아해요. 멋지게 드리블해서 슛을 하는 애니메이션을 만들어 보아요.

⊙ 연습파일 : 숫돌이.piv　　● 완성파일 : 숫돌이(완성).piv

04 높이! 더 높이 뛰어요!

높이뛰기를 하는 스틱맨! 기록을 갱신하기 위해 더 높이 뛰어요!

⊙ 연습파일 : 장대높이뛰기.piv ● 완성파일 : 장대높이뛰기(완성).piv

Pivot

Pivot

Pivot

05 스틱맨들의 칼싸움

검술의 고수인 스틱맨들의 대결! 과연 누가 이길까요?

◉ 연습파일 : 칼싸움.piv   ◉ 완성파일 : 칼싸움(완성).piv

01 장애물을 피해요!

공중사다리를 지나가는 스틱맨! 장애물을 피해야 건너편으로 갈 수 있어요.

◉ 연습파일 : 공중사다리.piv   ◉ 완성파일 : 공중사다리(완성).piv

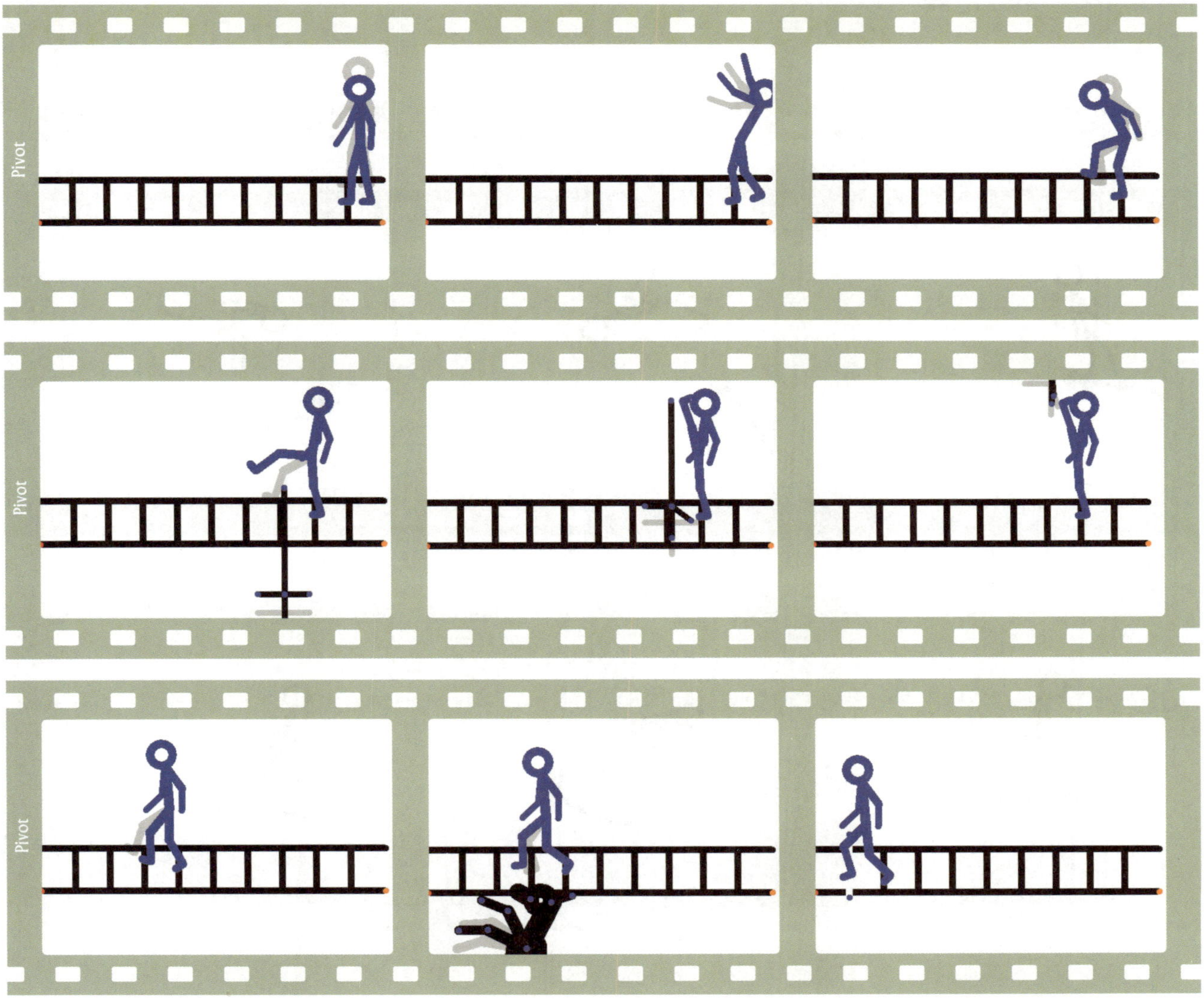

02 빗자루를 타고 날아라!

해리포터처럼 마법 빗자루를 타고 공중을 나는 스틱맨! 멋진 비행을 보여줘요.

◉ 연습파일 : 날으는빗자루.piv   ◉ 완성파일 : 날으는빗자루(완성).piv

03 움직여라! 로봇 스틱맨

스틱맨이 로봇을 만들었어요. 리모콘으로 움직이는 로봇 스틱맨 애니메이션을 만들어 보아요.

⊙ 연습파일 : 로봇조정.piv   ⊙ 완성파일 : 로봇조정(완성).piv

04 스틱맨은 숨겨진 무술고수!

스틱맨은 무술고수였어요. 멋진 쿵푸도 검술도 고수인 스틱맨은 무술왕!

◉ 연습파일 : 무술의달인.piv   ◉ 완성파일 : 무술의달인(완성).piv

05 시계는 영어로 뭐라고 할까?

영어로 시계는 'CLOCK' 이라고 해요. 여기저기 돌아다니는 시계 위로 떨어지는 글자를 만들어요.

◉ 연습파일 : 시계.piv   ◉ 완성파일 : 시계(완성).piv

15강 운동하는 스틱맨

01 스틱맨은 골프선수

작은 공을 멀리 날려 작은 홀 안에 넣는 스틱맨은 멋쟁이 골프선수!

⊙ 연습파일 : 골프.piv   ⊙ 완성파일 : 골프(완성).piv

02 농구하는 스틱맨

친구들과 농구하는 스틱맨, 높이 던진 농구공이 과연 들어갈까요?

⊙ 연습파일 : 농구.piv   ⊙ 완성파일 : 농구(완성).piv

03 스틱맨은 슛돌이!

몸에서 축구공이 떨어지지 않는 멋진 묘기를 보여주는 스틱맨은 축구의 천재!

⊙ 연습파일 : 축구.piv   ◉ 완성파일 : 축구(완성).piv

Pivot

Pivot

Pivot

04 피구공을 피해라!

피구는 상대편이 던지는 공을 잡거나 피해야 해요. 힘을 다해 던진 공을 과연 피할 수 있을까요?

⊙ 연습파일 : 피구.piv   ◉ 완성파일 : 피구(완성).piv

05 달리기의 황제, 스틱맨

장애물 달리기를 하는 스틱맨, 장애물 허들대신 스틱맨 친구들을 뛰어넘어야 해요!

⊙ 연습파일 : 허들.piv   ◉ 완성파일 : 허들(완성).piv

01 우주에서 온 롱다리 스틱맨

스틱맨의 새로운 친구 롱다리 스틱맨을 만나요. 악당들과 싸우는 롱다리 스틱맨의 멋진 애니메이션을 만들어 보아요.

◉ 연습파일 : 롱다리스틱맨.piv　　◉ 완성파일 : 롱다리스틱맨(완성).piv

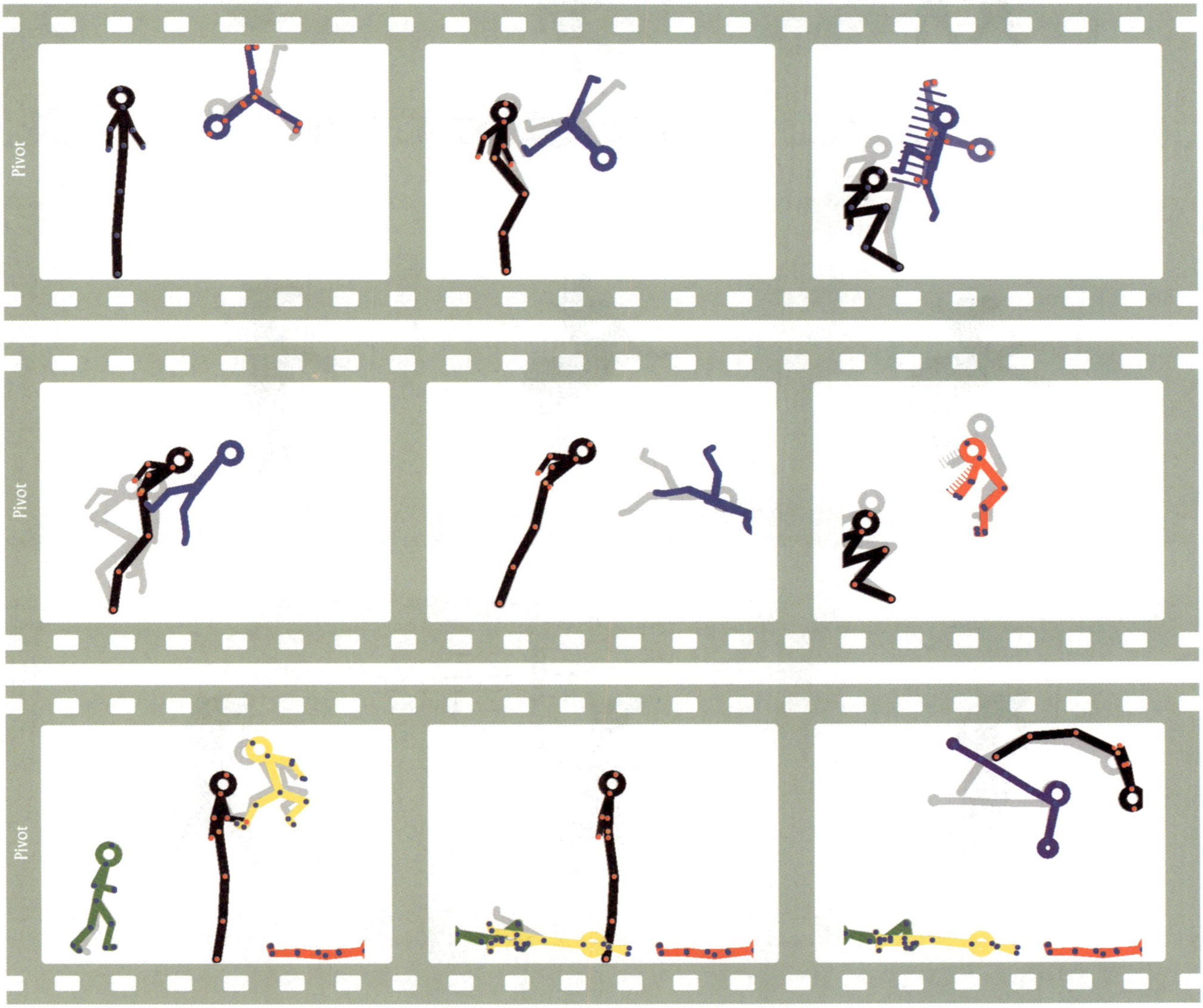

02 댄스 댄스! 말이 춤을 춰요!

스틱맨의 친구인 말이 멋진 춤을 추네요. 가장 잘 추는 춤이 어떤 건지 궁금하죠?

⊙ 연습파일 : 춤추는말.piv   ⊙ 완성파일 : 춤추는말(완성).piv

03 조심해요! 카우보이 스틱맨

멋지게 공중에 뛰어올라 말을 타는 카우보이 스틱맨! 그런데 말이 피해서 넘어진 것 같아요!

⊙ 연습파일 : 피하는말.piv   ◉ 완성파일 : 피하는말(완성).piv

04 코끼리를 한 방에 날려라!

코끼리도 한 방에 날려버리는 힘센 말! 코끼리가 몇 마리가 덤벼도 이겨버려요!

⊙ 연습파일 : 힘센말1.piv   ◉ 완성파일 : 힘센말1(완성).piv

05 스틱맨과 힘센 말의 대결!

코끼리도 이기는 힘센 말, 무술의 달인 스틱맨! 과연 누가 이길까요?

⊙ 연습파일 : 힘센말2.piv　⦿ 완성파일 : 힘센말2(완성).piv

17강 스틱맨은 액션배우

01 이겨라! 스틱맨

무슨 일 일까요? 친구인 줄 알았던 스틱맨들이 싸우고 있네요? 누가 이길지 궁금하죠?

◉ 완성파일 : 대결스틱맨(완성).piv

Pivot

Pivot

Pivot

Pivot

Pivot

Pivot

Pivot

02 미션! 벽을 부수고 탈출해라!

문이 없는 공간에 갇힌 스틱맨! 벽을 부숴야만 탈출할 수 있어요!

◉ 완성파일 : 벽부수기(완성).piv

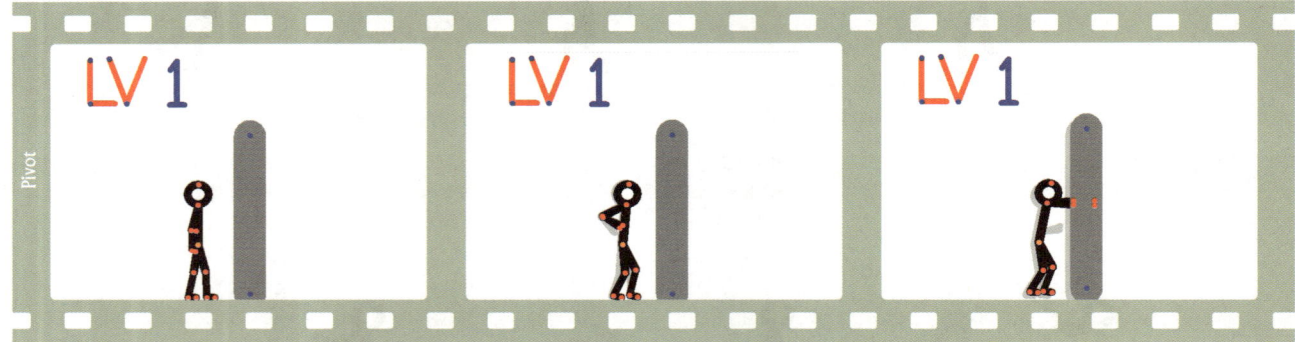

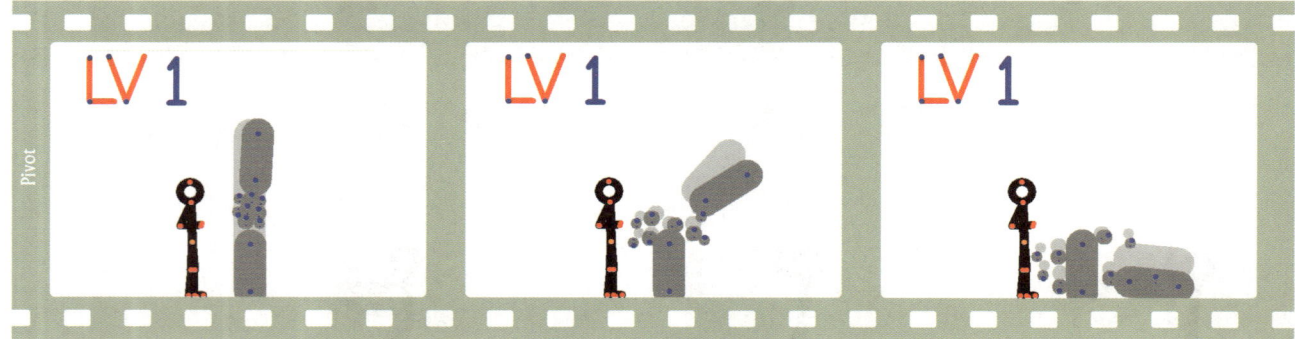

LV 2

LV 2

LV 2

Pivot

LV 3

LV 3

LV 3

Pivot

LV 4

LV 4

LV 4

Pivot

LV 4

LV 4

LV 4

Pivot

83

함께 놀아요! 스틱맨

01 친구들과 놀이터에서 놀아요!

스틱맨의 친구들은 무엇을 하고 놀까요? 놀이터에서 신나게 노는 애니메이션을 만들어 보아요.

◉ 완성파일 : 놀이터(완성).piv

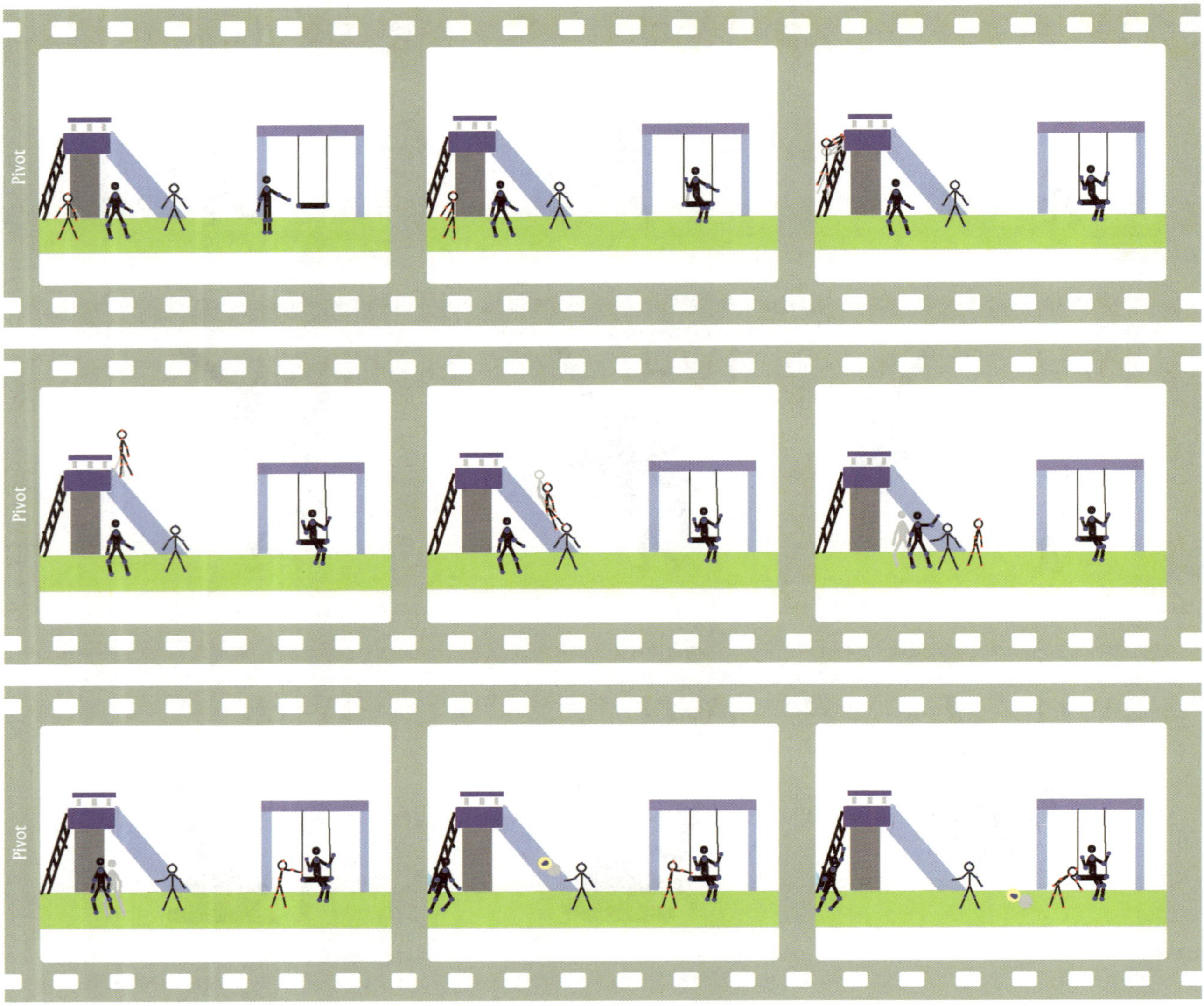

Pivot

Pivot

Pivot

Pivot

02 스틱맨은 축구를 좋아해!

스틱맨이 축구공을 이리 저리 자유롭게 움직이네요? 공이 땅에 떨어지지 않게 해요!

◉ 완성파일 : 축구(완성).piv

Pivot

Pivot

Pivot

Pivot

87

01 스틱맨의 보트여행

보트를 타고 바다 여행을 떠난 스틱맨! 새로 만난 바다 친구들과 즐거운 하루를 보내요!

◉ 완성파일 : 보트여행(완성).piv

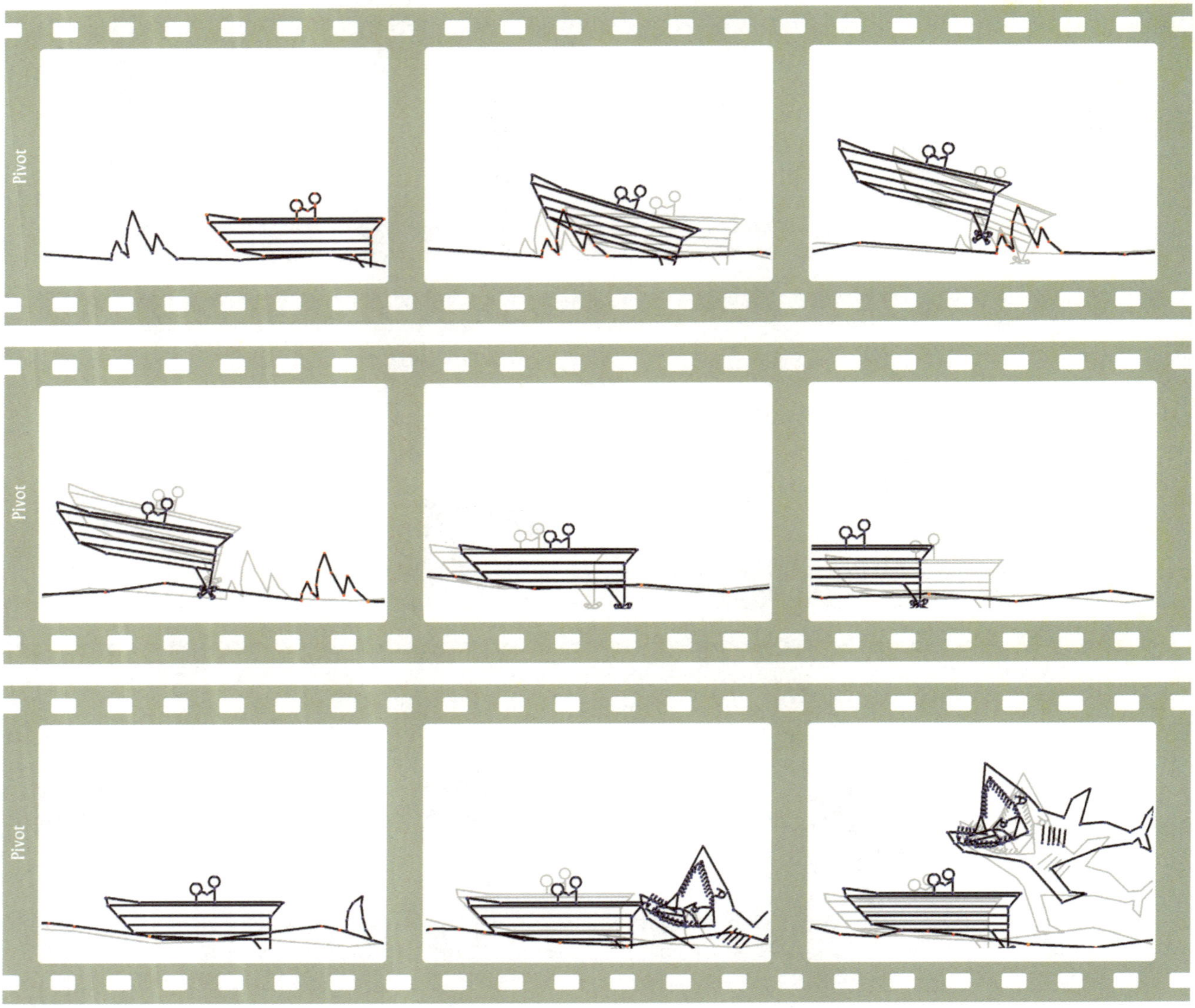

02 스틱맨은 수영의 달인

물속에서도 원하는 대로 헤엄치는 스틱맨은 수영의 달인! 멋진 수영 동작을 애니메이션으로 만들어
보아요.

◉ 완성파일 : 수영(완성).piv

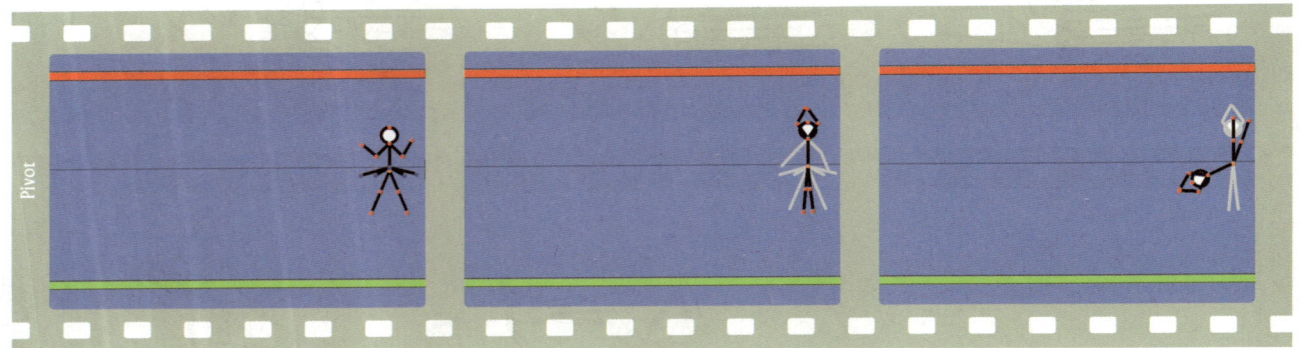

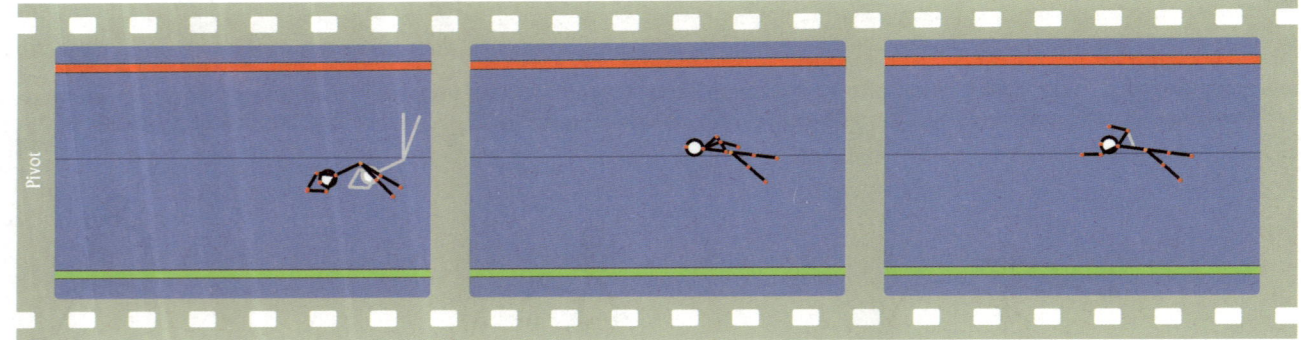

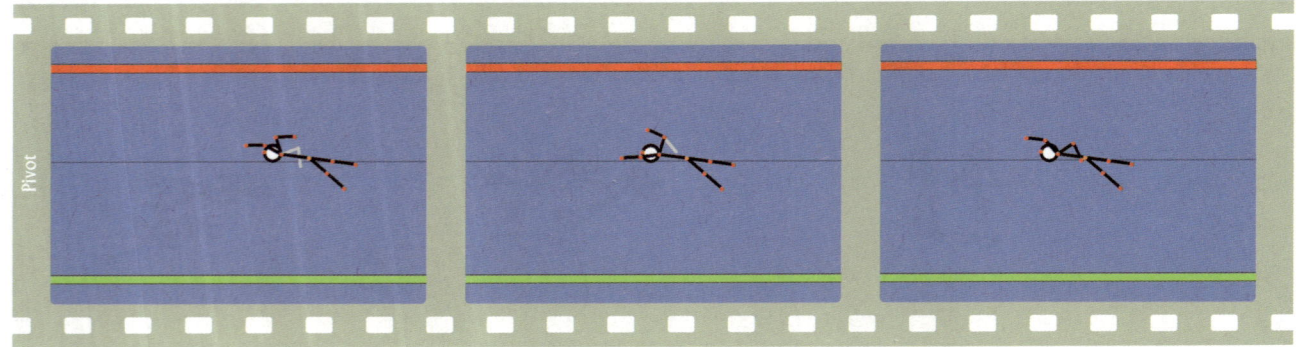

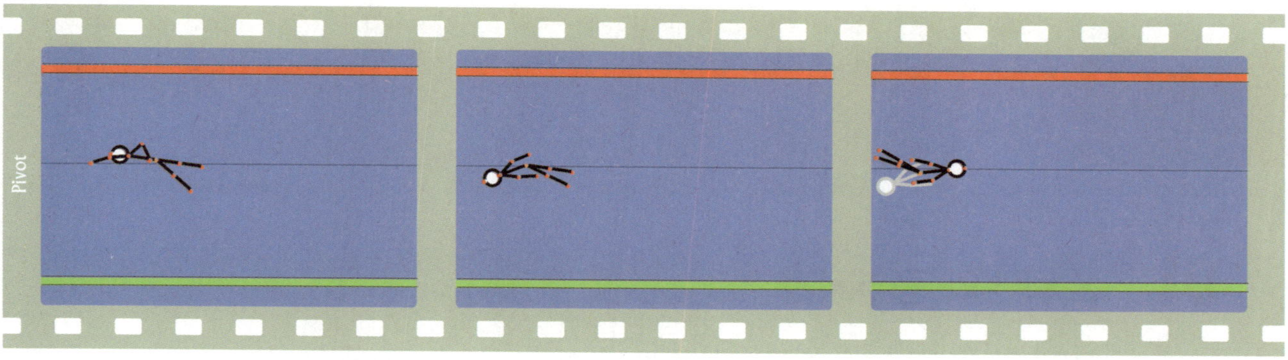

Pivot

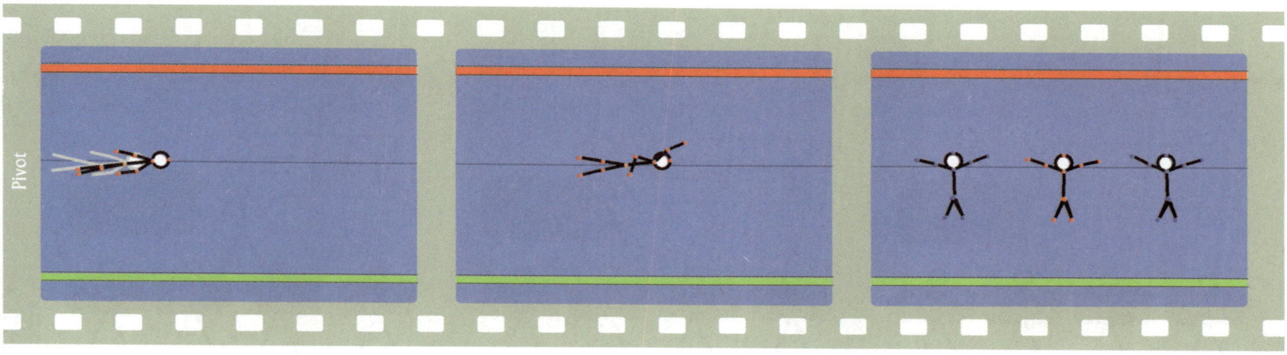

Pivot

Pivot

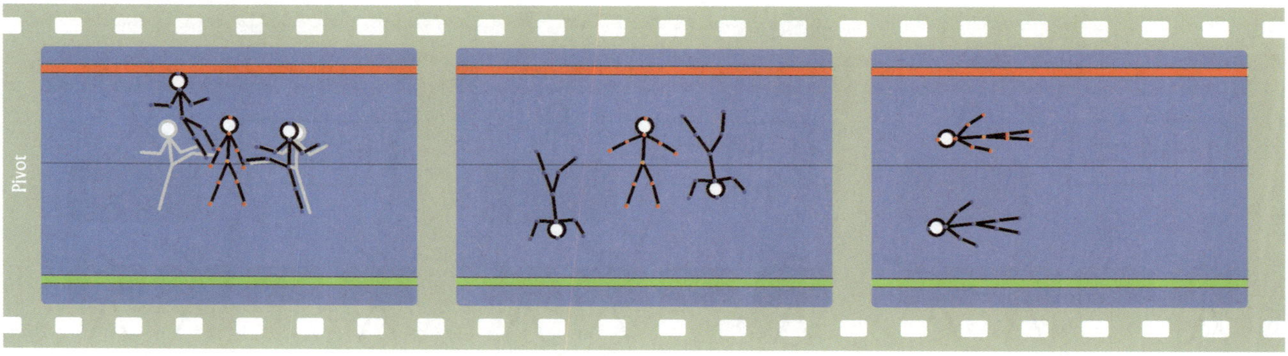

Pivot

 강 **스틱맨의 미션**

01 스틱맨의 공부시간

학교에 간 스틱맨, 수학을 배워요. 어려운 문제도 척척 푸는 나는 공부왕!

◉ 완성파일 : 수학시간(완성).piv

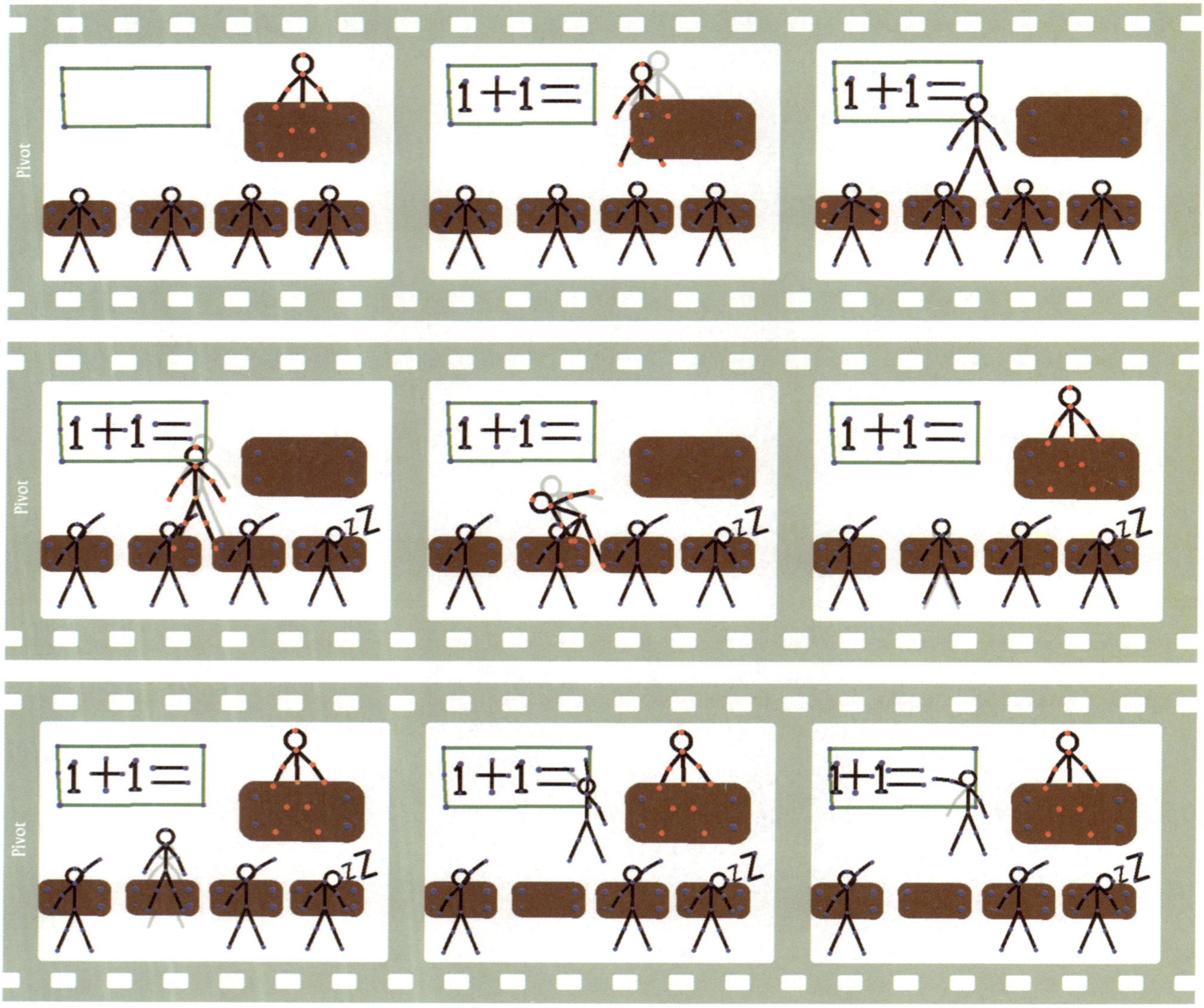

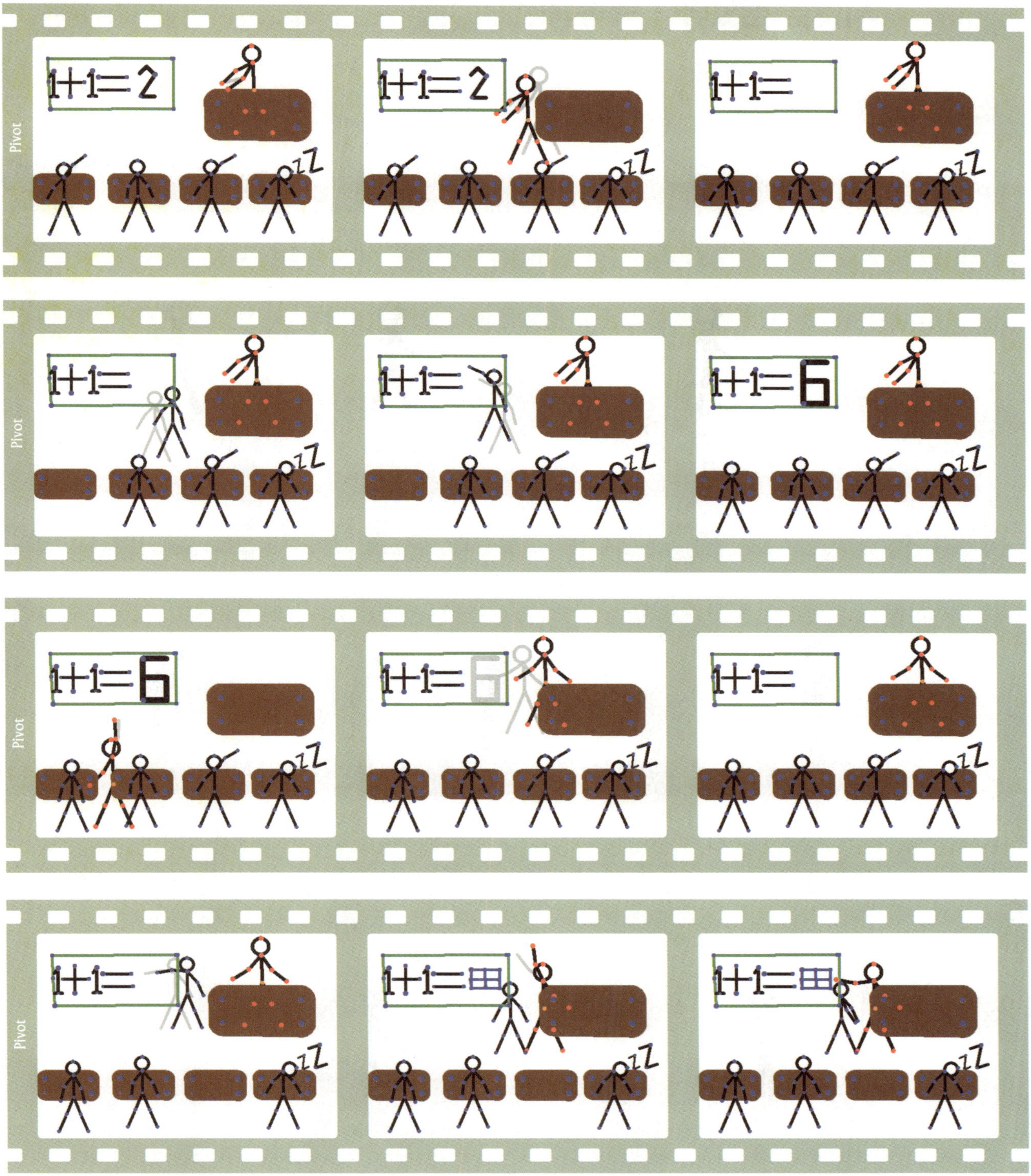

Pivot

1+1=2

1+1=2

1+1=

Pivot

1+1=

1+1=

1+1=6

Pivot

1+1=6

1+1=6

1+1=

Pivot

1+1=

1+1=⊞

1+1=⊞

93

02 씨앗을 심었더니 쑥쑥쑥!

주머니에 있던 씨앗을 심었더니 새싹이 나왔어요? 과연 어떤 꽃이 필까요?

◉ 완성파일 : 식물기르기(완성).piv

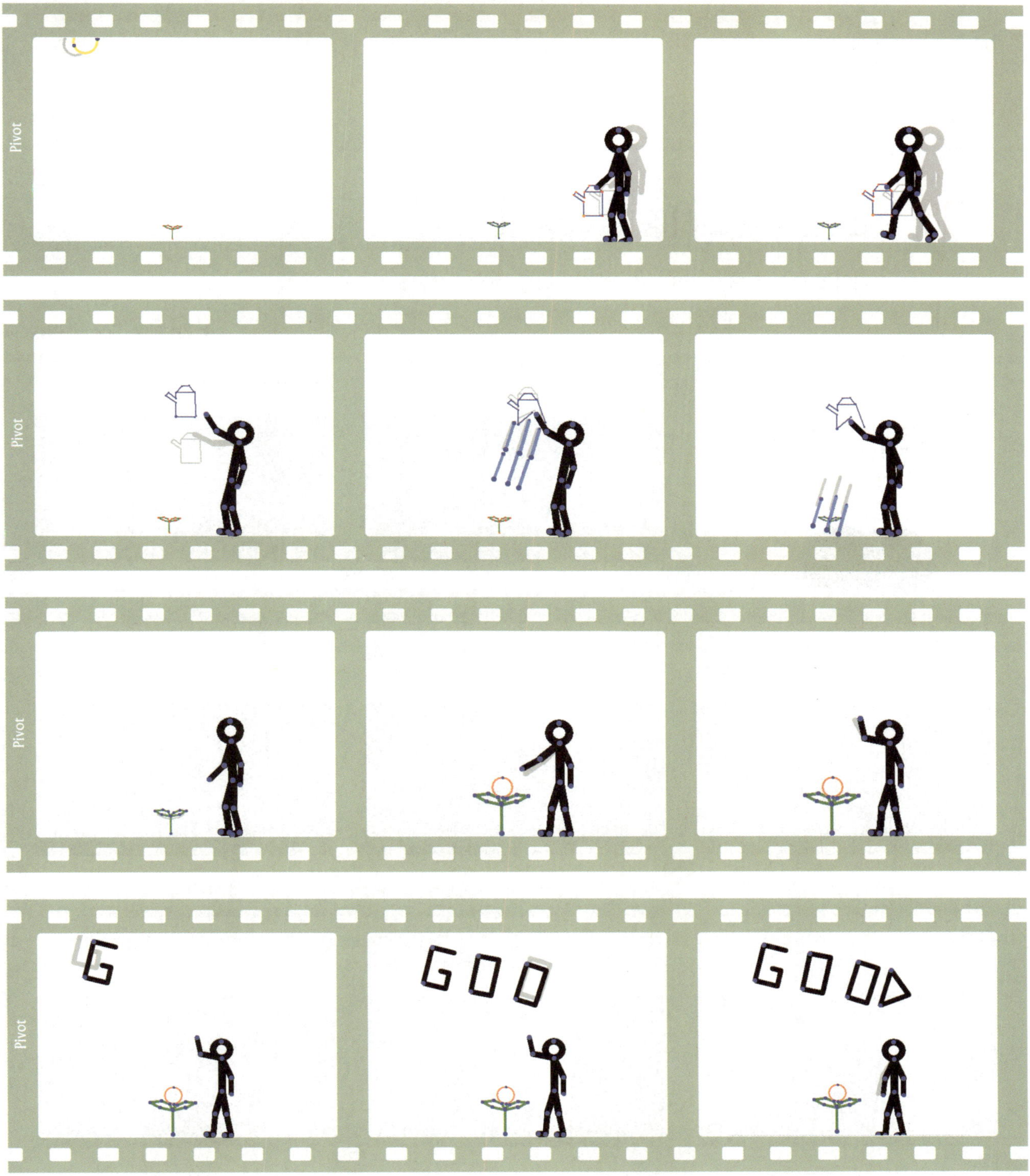

Pivot

Pivot

Pivot

Pivot

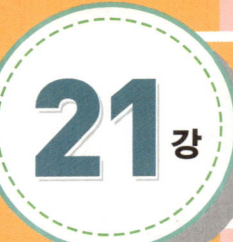

21강 게임 속의 스틱맨

01 스틱맨! 몬스터를 물리쳐라!

게임 속으로 들어간 파워 스틱맨! 몬스터를 물리쳐 게임을 클리어 해요!

◉ 완성파일 : 몬스터(완성).piv

던 전

순식간의 제압

Pivot

Pivot

Pivot

Pivot

02 피봇에서 만드는 앵그리버드!

친구들이 좋아하는 앵그리버드 게임 속의 캐릭터를 피봇에서 만들어 보아요.

◉ 완성파일 : 앵그리버드(완성).piv

Pivot

Pivot

Pivot

Pivot

GOOD▷

99

22강 이야기 나라 스틱맨

01 시계나라의 스틱맨

스틱맨! 언덕에서 굴러오는 대형시계를 피해요! 알람이 울리면 다시 처음부터 시작해야 해요!

◉ 완성파일 : 시계(완성).piv

Pivot

Pivot

Pivot

101

02 QR코드 감옥에서 탈출해요!

사이버세상 QR코드 감옥에 갇힌 스틱맨! 코드를 부숴야 탈출할 수 있어요!

◉ 완성파일 : QR코드부수기(완성).piv

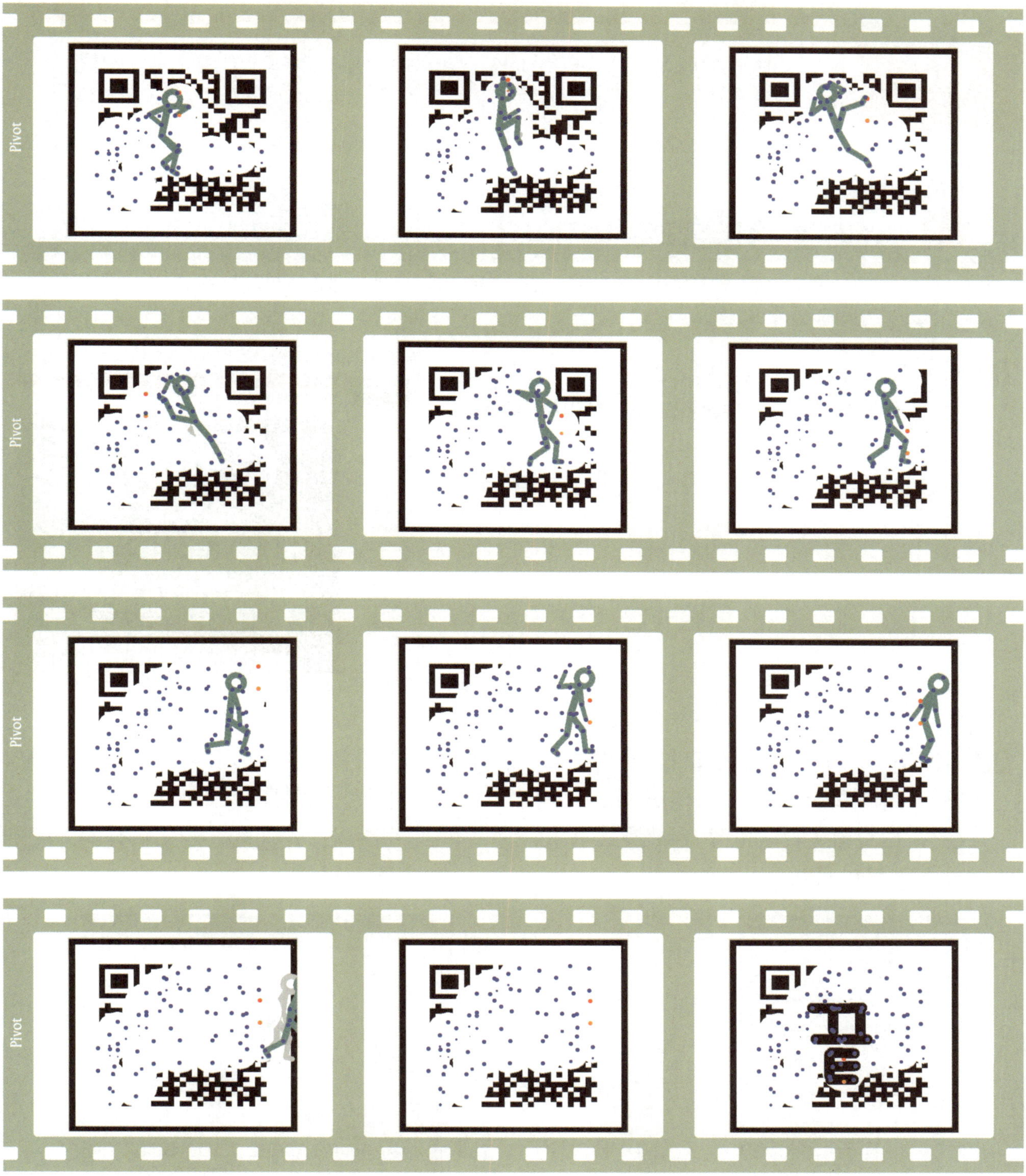

Pivot

Pivot

Pivot

Pivot

동영상으로 만들어요

피봇 프로그램에서 저장한 GIF 파일을 무비 메이커에서 효과 음악과 함께 멋진 동영상으로 저장해요.

01 GIF를 동영상으로 바꾸어요

피봇 프로그램에서 저장된 GIF 파일을 윈도우 무비 메이커에서 동영상 파일로 사용하기 위해 바꾸는 방법을 알아보아요.

01 피봇 프로그램에서 '숲속의스틱맨.stk' 파일을 열어요. [안캠코더]를 실행하고 저장하려는 부분을 선택해요.

02 [안캠코더]의 [녹화] 단추를 클릭해요. [Select] 대화상자에서 '동영상 파일로 저장 - 고화질 (*.avi)'를 선택하고 [OK] 단추를 클릭해요.

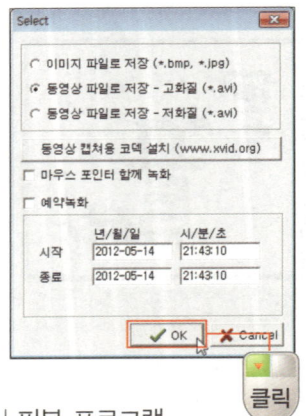

클릭

03 [다른 이름으로 저장] 대화상자에서 파일을 저장할 위치를 선택하고 [파일 이름]으로 '숲속의스틱맨.avi'를 입력한 후 [저장] 단추를 클릭해요.

클릭

04 '동영상 캡처를 시작하시겠습니까?' 메시지가 표시되면 [OK] 단추를 클릭하고 피봇 프로그램의 [Play] 단추를 클릭해요. 한 번만 재생하기 위해 'Repeat'는 해제해요.

05 애니메이션이 재생되고 마지막 장면까지 실행되면 [안카메라]의 [중지] 단추를 클릭해요.

06 저장된 동영상 파일을 실행하면 애니메이션이 캡처된 것을 확인할 수 있어요.

02 영화를 만들어요

피봇 프로그램에서 저장된 GIF 파일을 윈도우 무비 메이커에서 음악과 함께 동영상으로 만들어 보아요.

01 [Windows Live 무비 메이커]를 실행하고 [홈] 탭-[추가] 그룹-[비디오 및 사진 추가]를 클릭해요. 표시되는 대화상자에서 '숲속의스틱맨.avi' 파일을 선택하고 [열기] 단추를 클릭해요.

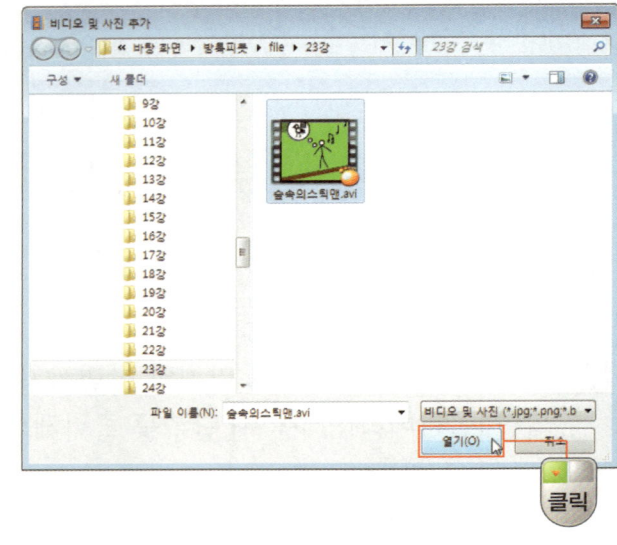

02 필요 없는 부분을 삭제하기 위해 자를 부분으로 슬라이더를 움직인 후 [비디오 도구]-[편집] 탭-[편집]에서 [분할]을 클릭해요. 잘라진 앞부분을 선택하고 Delete 를 눌러요.

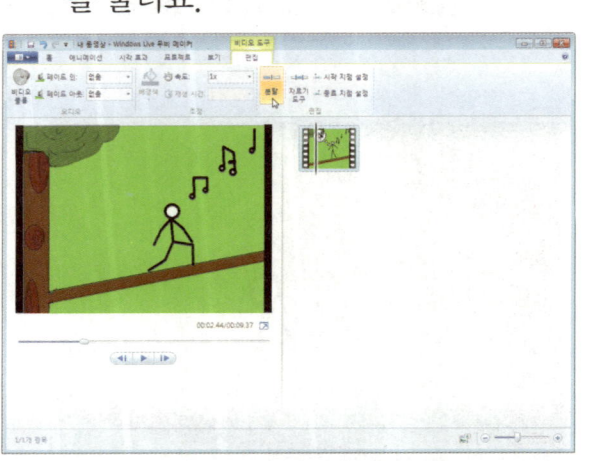

03 배경음악을 입력하기 위해 [홈] 탭-[추가] 그룹-[음악 추가]를 클릭하여 표시되는 대화상자에서 '숲속의소리.mp3' 파일을 선택하고 [열기] 단추를 클릭해요.

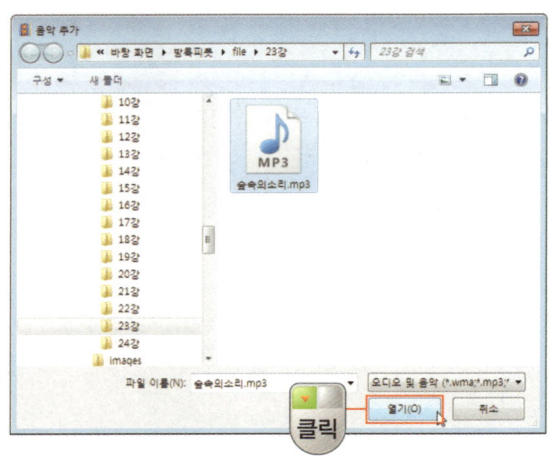

04 [미리 보기] 창의 [재생] 단추를 클릭하면 배경 음악과 함께 영상이 재생되는 것을 확인할 수 있어요.

03 영화에 자막과 효과를 삽입해요

편집한 동영상에 제목을 입력하고 멋진 전환 효과를 적용해요.

01 테마를 이용하여 효과를 삽입하기 위해 [홈] 탭-[동영상 마법사 테마] 그룹에서 [페이드]를 선택해요.

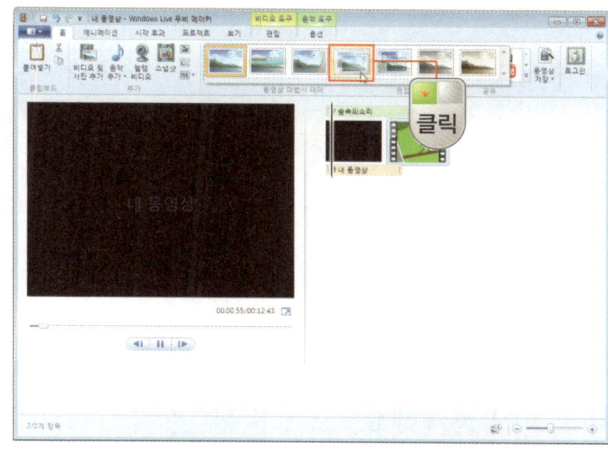

02 동영상 첫 부분에 삽입된 자막을 더블 클릭하고 수정 상태가 되면 내용을 '숲속의 스틱맨'으로 변경해요.

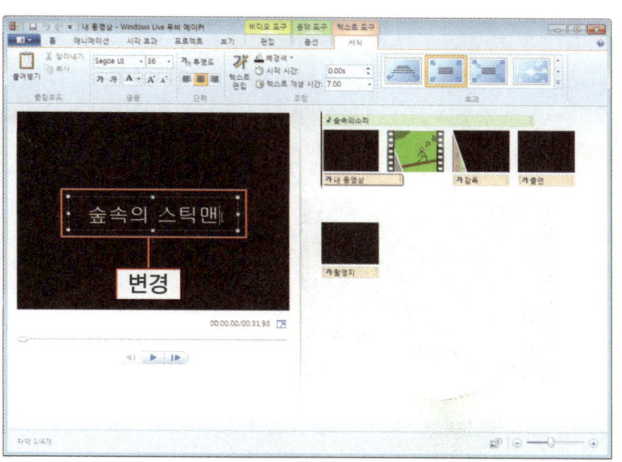

03 [텍스트 도구]-[서식] 탭-[글꼴] 그룹에서 [글꼴]은 '맑은 고딕', [크기]는 '36pt', [굵게]를 선택해요.

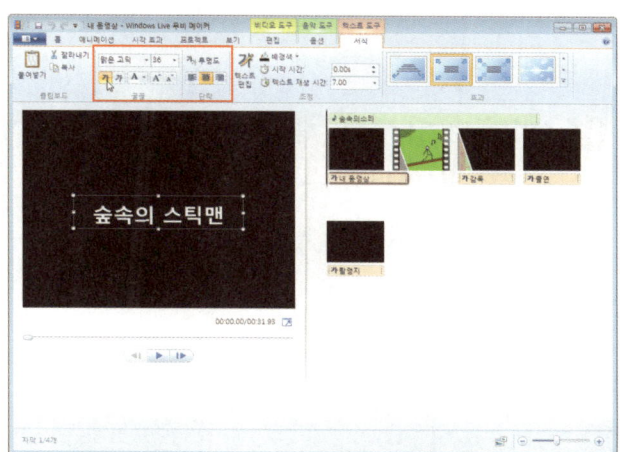

04 자막에 효과를 삽입하기 위해 [텍스트 도구]-
[서식] 탭-[효과] 그룹에서 '시네마틱 - 버스
트 2'를 선택해요.

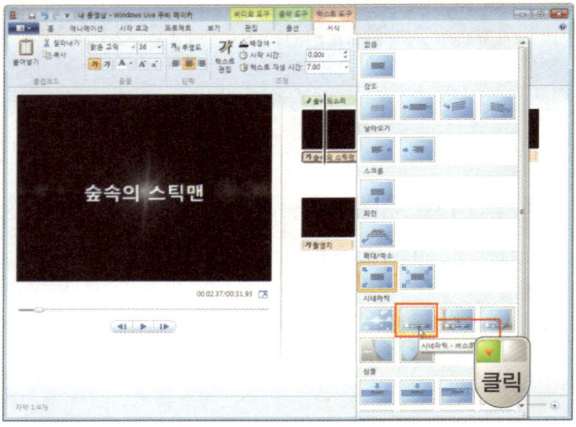

05 동영상 끝 부분에 삽입된 효과를 Delete 를
눌러 삭제해요.

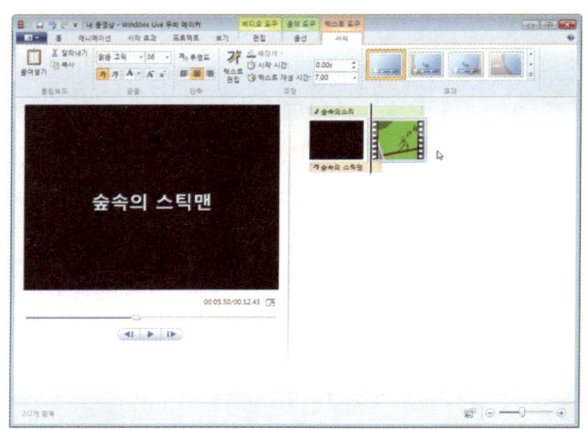

06 [미리 보기] 창의 [재생] 단추를 클릭하면 편집된
동영상을 확인할 수 있어요.

04 동영상으로 저장해요

편집이 끝난 동영상을 저장해요. 친구들에게 이메일로 보내주거나 유튜브에 올려서 많은 사람들이
보여줘요.

01 편집된 동영상을 저장하기 위해 [홈] 탭-
[공유] 그룹-[동영상 저장]에서 [고해상도
디스플레이용]을 클릭해요.

02 [동영상 저장] 대화상자가 표시되면 [파일
이름]에 '숲속의스틱맨.wmv'를 입력하고
[저장] 단추를 클릭해요.

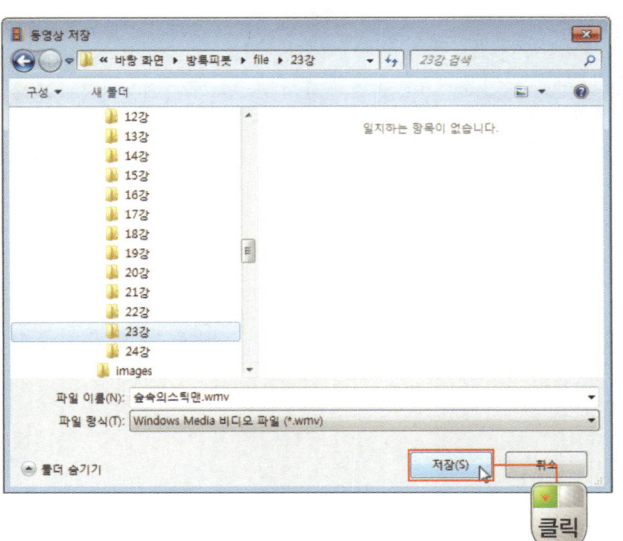

03 저장된 파일을 열면 동영상 플레이어에서
편집된 동영상을 재생할 수 있어요.

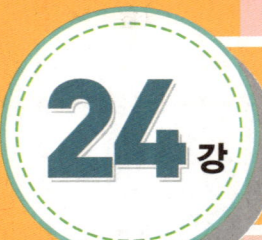

24강 멋진 작품을 인터넷에 올려요!

피봇 프로그램에서 만든 재미있는 동영상을 유튜브에 올리는 방법을 알아보아요.
동영상의 위치를 QR코드로 연결하여 스마트폰에서도 쉽게 볼 수 있어요.

01 유튜브에 동영상을 올려요!

멋지게 편집한 동영상을 친구들이 볼 수 있도록 유튜브에 올리는 방법을 알아보아요.

01 '유튜브'로 검색하거나 직접 주소(www.youtube.com)를 입력하여 유튜브 홈페이지에 접속해요. 동영상을 올리기 위해 [업로드]를 클릭해요.

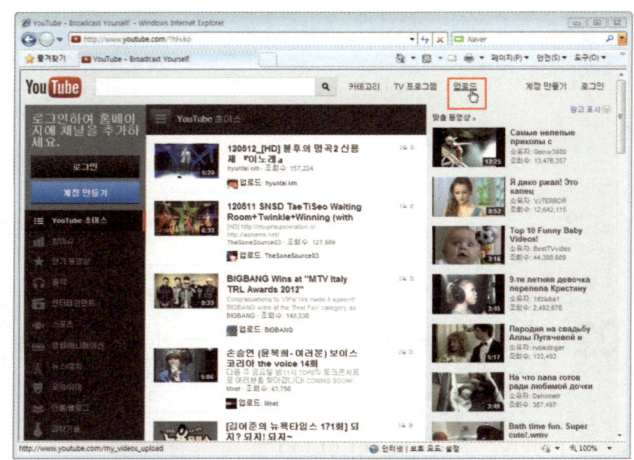

02 [사용자 이름]과 [비밀번호]를 입력하고 [로그인]을 클릭해요. 구글 계정이 없으면 오른쪽 위의 [가입하기]를 클릭하여 회원 가입을 해요.

03 사용자의 [위치]가 '한국'으로 되어 있으면 동영상을 업로드할 수 없어요. 페이지 아래의 [위치]를 '전세계'로 변경하고 [업로드]를 클릭해요.

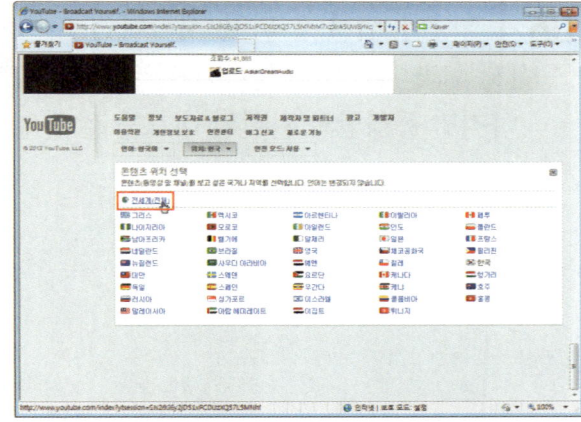

04 동영상을 업로드하기 위해 [컴퓨터에서 파일 선택]을 클릭해요.

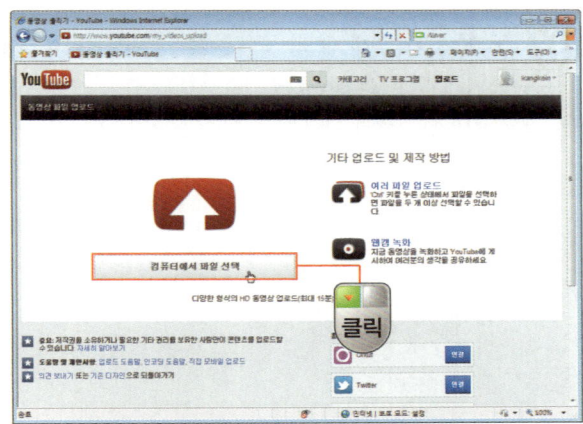

05 [열기] 대화상자에서 올릴 동영상 파일을 선택하고 [열기] 단추를 클릭해요.

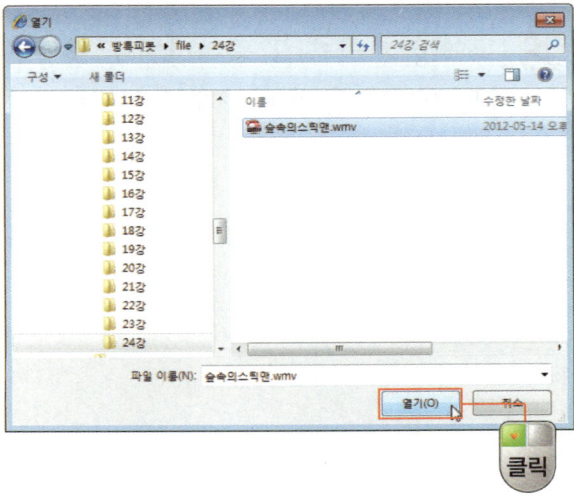

06 동영상이 업로드 되기 시작하면 그림과 같이
   [제목]과 [설명]을 입력해요. 검색을 더 잘되게
   하려면 동영상과 관련된 태그를 같이 입력해요.

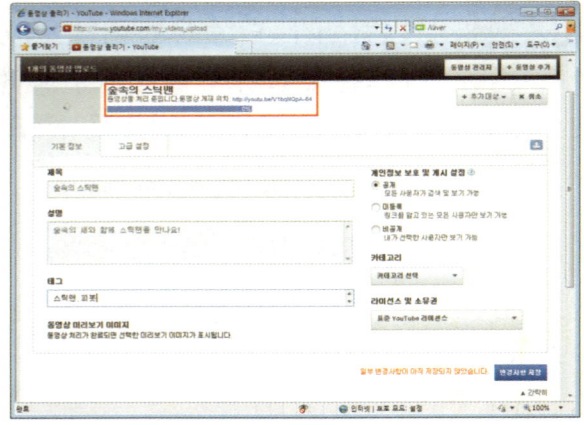

07 동영상이 게재된 주소를 클릭하면 업로드한
   동영상이 실행돼요.

08 [동영상 관리자]를 클릭하면 동영상의 정보를
   수정하거나 공개/비공개를 선택할 수 있어요.

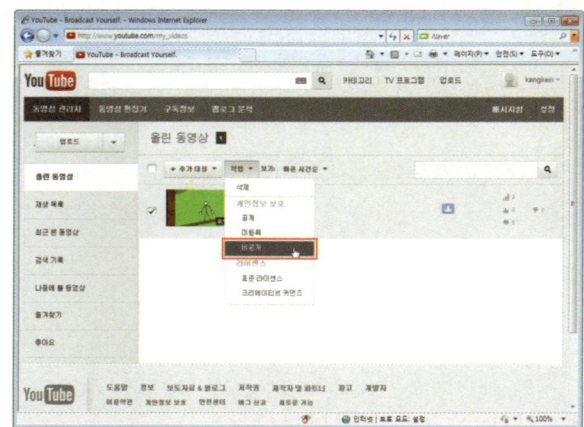

02 QR코드로 동영상을 연결해요!

동영상이 있는 위치 주소가 너무 길다면 QR코드로 주소를 연결해요. 스마트폰 카메라로 찍기만 해도 동영상을 바로 보여줘요.

01 '네이버'로 검색하거나 직접 주소(www.naver.com)를 입력하여 네이버 홈페이지에 접속해요. [더보기]를 클릭해 모든 메뉴가 표시되면 [QR코드]를 클릭해요.

02 [나만의 QR코드 만들기]를 클릭해요. 네이버 회원 가입을 해야 QR코드를 만들 수 있어요.

03 [링크로 이동 선택]을 선택하고 [다음단계]를 클릭해요.

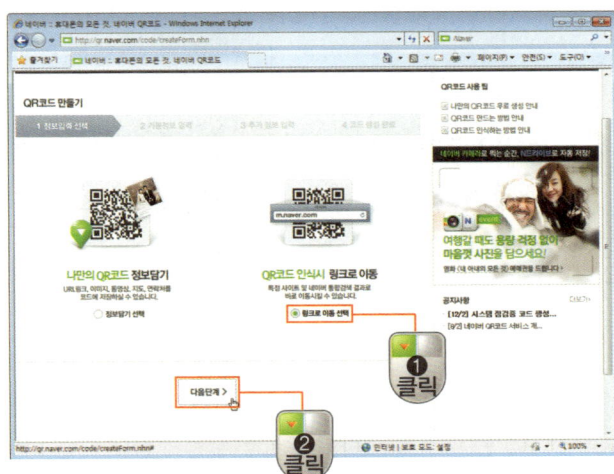

04 [코드제목]에 '숲속의 스틱맨'을 입력하고 [다음단계]를 클릭해요.

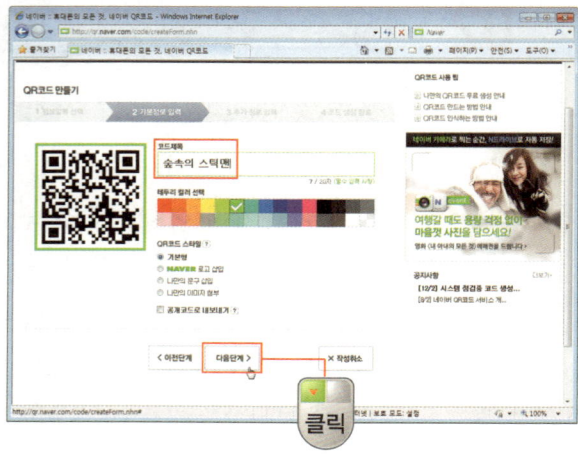

05 [웹주소 직접 입력]에 유튜브에 올린 동영상의 위치 주소를 입력하고 [작성완료]를 클릭해요. 유튜브 동영상 위에서 마우스 오른쪽 버튼을 클릭하면 주소를 복사할 수 있어요.

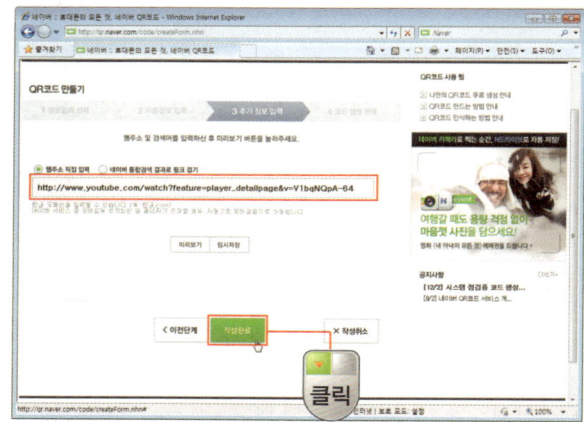

06 QR코드가 생성되면 코드 이미지를 이메일로 보내거나 저장해요. 코드를 스마트폰 카메라로 찍으면 동영상을 보여줘요.